U0622567

农产品国际贸易标准比对与实务丛书

蛋品生产贸易与对策

DANPIN SHENGCHAN MAOYI YU DUICE

李瑞丽　严　寒　主编

中国农业出版社
北　京

图书在版编目（CIP）数据

蛋品生产贸易与对策/李瑞丽，严寒主编 . —北京：中国农业出版社，2021.6

（农产品国际贸易标准比对与实务丛书）

ISBN 978 - 7 - 109 - 27531 - 7

Ⅰ.①蛋…　Ⅱ.①李…②严…　Ⅲ.①蛋制品—技术贸易—对外贸易政策—研究—中国　Ⅳ.①F752.652

中国版本图书馆 CIP 数据核字（2020）第 209065 号

中国农业出版社出版

地址：北京市朝阳区麦子店街 18 号楼
邮编：100125
责任编辑：廖　宁　　文字编辑：王庆敏
版式设计：王　晨　　责任校对：刘丽香
印刷：北京中兴印刷有限公司
版次：2021 年 6 月第 1 版
印次：2021 年 6 月北京第 1 次印刷
发行：新华书店北京发行所
开本：700mm×1000mm　1/16
印张：6.75
字数：150 千字
定价：58.00 元

主　编　李瑞丽　严　寒

副主编　陈庆隆

参　编　（按姓氏笔画排序）

万欢欢　刘杰伟　刘清兰　李伟红　吴忠华

张　莉　昌晓宇　易松强　魏益华

前 言
FOREWORD

　　中国是世界蛋品生产大国，但却是蛋品贸易小国。中国蛋品生产和贸易与世界先进国家相比存在较大差距，在国际市场的竞争能力不强。中国蛋品主要出口到亚洲市场，在世界前十大蛋品进口市场中所占份额较小。为此，我们应研究和借鉴蛋品生产和贸易发展较好国家的经验，改善中国蛋品生产贸易现状。为了更清楚地了解世界各国蛋品生产和贸易情况，以便更好地研究制定相关政策，促进蛋品生产和贸易发展，我们组织了相关人员编写了此书。

　　本书针对我国蛋品生产及技术性贸易措施实施现状，详细介绍了世界与中国的蛋品生产和贸易情况，概述了中国蛋品的质量安全要求以及国际组织和中国主要贸易伙伴对蛋品的技术的贸易措施，为我国蛋品行业国际贸易壁垒的设置及国家相关技术性贸易措施体系的完善提供了坚实的理论支撑及法律依据。

　　本书图表数据主要来源于联合国粮食及农业组织网站数据库、历年《中国统计年鉴》以及中国技术贸易措施网站（www. tbt－sps. gov. cn）及各国相关限量标准。其统计过程较为烦琐，难免有欠缺之处，恳请读者随时提出宝贵意见，以便进一步改进。

　　本书是一本以科研院所研究人员、高等院校师生以及畜禽生产者等为主要读者的参考书，内容翔实，环环相扣，逻辑清晰，文字通俗易懂。希望本书与每一位在畜禽领域工作的科技人员实现工作良性互馈。

　　在本书出版之际，谨向为本书出版提供支持和帮助的上级部门和各级领导表示衷心的感谢，也向参与本书编写的各位作者所在单位的支持表示衷心感谢。由于水平有限，书中难免有不足和疏漏之处，恳请读者批评指正。

编　者

2021 年 1 月

目 录
CONTENTS

第一章　世界蛋品的生产与贸易情况

中国、美国、印度和日本是世界鸡蛋主产国。20 世纪 70 年代以后，中国和印度带壳鸡蛋产量不断提高，而美国和日本产量在世界所占比例逐渐降低。世界蛋品进出口贸易呈增长趋势，且以区域内贸易为主，但美国、荷兰跨区域出口贸易活跃。

第一节　世界各国蛋品总体贸易情况

世界蛋品进出口大国主要分布在欧洲、亚洲和北美洲。世界主要蛋品进口国家和地区集中在欧洲和亚洲，排名前五位的分别是德国、荷兰、法国、中国香港和英国。其中，德国占世界蛋品进口额的 1/4 以上（表 1-1）。

表 1-1　世界各国蛋品进口额（$\times 10^3$ 美元）

国家	2009 年	2010 年	2011 年	2012 年	2013 年	2014 年	2015 年	2016 年	2017 年
德国	798 623	835 487	687 369	727 837	647 661	666 863	602 736	633 547	664 626
中国	130 852	138 871	170 147	162 607	184 230	205 820	199 437	185 360	193 026
荷兰	196 247	230 625	229 820	270 231	296 710	317 681	251 733	234 044	337 655
英国	107 299	90 350	82 671	124 153	108 219	86 091	72 700	47 415	38 139
法国	115 593	86 410	84 856	132 837	58 203	55 267	96 141	79 335	106 323
比利时	89 743	94 204	97 608	95 346	103 597	105 097	105 879	112 914	147 276
瑞士	71 448	68 123	64 966	68 274	73 314	66 433	54 897	55 628	54 876
加拿大	56 322	60 368	64 026	67 291	83 204	121 258	156 225	77 038	82 730
意大利	46 712	53 898	44 427	75 783	123 086	97 321	74 937	45 075	58 317
其他	1 266 880	1 425 628	1 620 630	1 696 901	2 029 382	2 213 221	1 994 213	1 728 877	1 904 080
世界总额	2 879 719	3 083 964	3 146 520	3 421 260	3 707 606	3 935 052	3 608 898	3 199 233	3 587 048

资料来源：根据联合国粮食及农业组织网站数据库有关数据编制。

世界主要蛋品出口国集中在欧洲、北美洲和亚洲。荷兰是世界蛋品出口第一大国，占世界蛋品出口总量的近 1/4。德国也是蛋品出口较多的国家，出口量居第三位。美国是北美洲主要蛋品出口国，此外，马来西亚、印度等国蛋品出口也较多（表 1-2）。

表 1-2　世界各国蛋品出口额（×10³ 美元）

国家	2009 年	2010 年	2011 年	2012 年	2013 年	2014 年	2015 年	2016 年	2017 年
荷兰	782 153	813 130	700 662	784 632	836 406	756 104	591 239	552 538	687 766
德国	230 307	228 822	243 162	292 076	264 990	307 647	263 669	274 329	292 098
美国	238 257	245 914	290 311	288 965	353 438	392 149	503 874	424 087	392 436
西班牙	181 950	163 163	132 536	101 239	105 555	120 337	147 625	108 845	150 050
法国	117 258	123 542	92 448	94 765	93 861	110 661	100 134	79 680	85 976
波兰	207 803	190 203	207 665	293 253	271 332	276 162	282 760	237 045	369 019
土耳其	126 618	156 195	284 053	349 929	406 033	401 423	273 307	289 386	375 790
中国	107 910	132 051	164 616	119 405	164 740	182 102	181 514	176 264	121 449
比利时	124 070	130 240	117 246	118 964	134 891	152 305	168 645	155 615	164 303
马来西亚	88 460	103 368	126 789	134 256	134 940	144 836	116 330	106 197	109 881
英国	47 533	51 435	57 472	59 036	111 588	137 501	126 417	67 247	84 737
其他	1 095 195	1 016 345	924 371	878 821	931 795	1 098 773	1 012 696	805 607	698 945
世界总额	3 347 514	3 354 408	3 341 331	3 515 341	3 809 569	4 080 000	3 768 210	3 276 840	3 532 450

资料来源：根据联合国粮食及农业组织网站数据库有关数据编制。

第二节　世界各国蛋品贸易的特点

蛋品区域内贸易特点明显，中国、德国、法国等主要蛋品进出口国家和地区，主要在各自所在的区域如欧洲、亚洲、北美洲等洲内进行，但是美国、荷兰跨区域出口贸易非常活跃，在亚洲、欧洲、北非市场的贸易尤其突出。例如，按出口量统计，2006 年美国带壳鸡蛋出口并不集中在北美洲，其出口国家和地区前三位是加拿大、中国香港和日本，并且美国的带壳鸡蛋还出口至波兰、俄罗斯、沙特阿拉伯、韩国等地。美国的干蛋黄和蛋清的最大出口国也不在北美洲，而是在亚洲的日本，美国对中国内地的干蛋黄出口量位居其出口对象的第六位。对中国香港的蛋清出口量位居其出口对象的第四位。荷兰的带壳蛋也跨出欧洲，打入日本。2006年，荷兰对日本的干蛋黄出口量位居其出口对象的第四位，带壳鸡蛋出口量位居其出口对象的第五位。

带壳鸡蛋出口量最大，但在蛋品出口总量中所占比重下降。2009—2016年，世界带壳鸡蛋的出口量远远大于干蛋黄和蛋清的出口量，2006年世界带壳鸡蛋出口量122.3万吨，干蛋黄出口量仅为5.1万吨，蛋清出口量20.5万吨，带壳鸡蛋出口量占蛋品出口总量的82.7%。虽然目前带壳鸡蛋出口量占蛋品出口量比例仍然很高，但在蛋品出口总量中的比例呈下降趋势。

第二章　中国蛋品的生产与贸易情况

第一节　中国蛋品的生产情况

自 1985 年开始，中国禽蛋生产总量连年雄居世界第一，是世界蛋类总产量发展最快的国家。近年来，中国禽蛋产量一直保持着上升趋势。2009—2018年，产量从 2 751.88 万吨增长到 3 128.28 万吨，其中 2016 年较 2015 年的禽蛋总产量增长较多，仅 2017 年较 2016 年禽蛋总产量有所回落（表 2-1）。中国禽蛋产量较多的省份有河北、山东、河南、江苏、辽宁、四川、湖北和安徽，每年禽蛋产量合计约占全国禽蛋总产量的 70% 以上。

表 2-1　2009—2018 年中国年禽蛋产量（万吨）

年份	2018	2017	2016	2015	2014	2013	2012	2011	2010	2009
产量	3 128.28	3 096.29	3 160.54	3 046.13	2 930.31	2 905.55	2 885.39	2 830.36	2 776.88	2 751.88

资料来源：历年《中国统计年鉴》。

据联合国粮食及农业组织统计资料显示，2010 年以来，中国禽蛋生产总量占世界禽蛋总产量之比也一直位居世界第一，所占比例由 2010 年的27.05% 上升到 2017 年超过 28.12%。美国禽蛋产量一直以来都占据着世界重要位置，1980 年禽蛋产量 4 120 000 吨，占世界禽蛋总产量的 20% 左右，位居世界第一位，而此时中国的禽蛋产量仅 2 340 000 吨，还不到美国的 60%。但美国 2010 年禽蛋产量 5 437 000 吨，占世界禽蛋总产量的 6.17% 左右，已居世界第二位，产量远远不及中国的 1/4（表 2-2）。

表 2-2　2010—2017 年世界各国禽蛋产量（吨）

年份	2010	2011	2012	2013	2014	2015	2016	2017
中国	23 820 080	24 231 630	24 659 155	24 786 994	24 942 678	30 809 783	31 972 681	31 338 856
美国	5 437 000	5 475 000	5 589 000	5 778 000	5 974 000	5 756 587	6 046 956	6 258 795

（续）

年份	2010	2011	2012	2013	2014	2015	2016	2017
印度	3 378 100	3 466 340	3 655 000	3 835 205	4 111 360	4 316 620	4 561 000	4 847 500
日本	2 515 323	2 482 628	2 506 768	2 521 974	2 501 921	2 520 873	2 562 243	2 601 173
俄罗斯	2 260 600	2 283 600	2 333 600	2 283 600	2 313 500	2 357 200	2 412 849	2 483 658
墨西哥	2 381 375	2 458 732	2 318 261	2 516 094	2 567 199	2 652 530	2 720 194	2 771 198
巴西	1 948 000	2 036 534	2 083 800	2 171 500	2 240 551	2 260 940	2 281 766	2 547 171
印度尼西亚	1 121 100	1 027 846	1 139 949	1 223 716	1 244 311	1 372 829	1 485 688	1 527 135
法国	946 500	865 900	845 300	945 952	956 379	970 000	960 000	955 000
德国	662 400	782 300	759 300	780 800	786 500	801 100	818 300	826 200
意大利	737 000	755 000	765 000	710 000	713 900	706 800	744 800	740 320
世界总量	88 060 251	89 728 925	91 755 797	93 477 634	95 057 131	107 488 673	110 940 878	111 427 415

资料来源：联合国粮食及农业组织网站数据库有关数据。

第二节　中国蛋品的贸易情况及特点

中国的禽蛋贸易一直都是以出口为主，进口只占贸易总量很少的一部分，主要是从美国进口，出口进口比例小于 0.5%。近年来，中国的禽蛋出口贸易量和贸易金额较前些年增长了不少，特别是贸易金额，2009—2016 年，每年均保持良好的增长势头（图 2-1）。2009 年出口贸易金额 10 791 万美元，2016 年出口贸易金额达 17 626 万美元，比 2009 年增长了 63.3%。

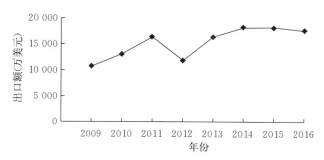

图 2-1　2009—2016 年中国带壳禽蛋贸易出口额

（资料来源：联合国粮食及农业组织网站数据库有关数据）

中国蛋品出口的主要市场是亚洲地区，其市场份额约占出口总量95%左右，其中，中国香港、中国澳门和日本是最主要的目标市场，它们每年进口中国蛋品的贸易额见图2-2。2008年，中国内地输港蛋品占蛋品出口总额的62.7%，出口到日本的蛋品占蛋品出口总额的9.8%，出口额分别为8179万美元和1272万美元，两者合计占中国蛋品出口总额的70%以上，并且分别比2007年增长了34.6%和60.5%。2009年，中国对香港、日本的蛋品出口额分别为8238.6万美元和1009.6万美元，合计占中国出口总额的76.7%。此外，中国内地也对中国澳门、美国、韩国等地出口蛋品，但出口额在蛋品出口总额中所占比例较小。

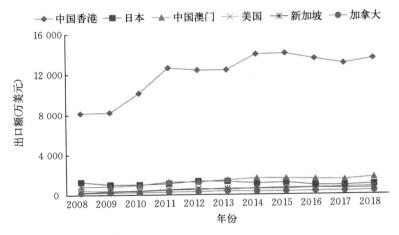

图2-2　中国蛋品出口额

（资料来源：商务部对外贸易司发布的中国农产品出口月度统计报告）

中国禽蛋主要以两种方式出口，即鲜蛋和加工蛋。种用蛋也有出口，但所占比例非常小，不足0.2%。鲜蛋是中国禽蛋出口的主要方式，出口量所占比例为65%左右，主要出口至中国香港和澳门地区，出口鲜蛋的主要省份是湖北、山东和山西，出口量占75%左右。加工蛋主要以咸蛋和皮蛋为主，出口至美国、日本、新加坡、中国香港等地，出口加工蛋的主要省份是辽宁、福建、广东、湖北和天津。

第三章 中国蛋品的质量安全要求

第一节 药物残留及污染物

一、农药和兽药残留限量

中国目前涉及蛋品药物残留限量的相关国家标准有《绿色食品 蛋与蛋制品》（NY/T 754）、《食品安全国家标准 食品中污染物限量》（GB 2762）、《食品安全国家标准 食品中农药最大残留限量》（GB 2763）、《食品安全国家标准 食品中兽药最大残留限量》（GB 31650）、《食品动物中禁止使用的药品及其他化合物清单》（农业农村部公告第 250 号）、《食品安全国家标准 蛋与蛋制品》（GB 2749），对蛋品中的药物残留进行了限量规定，分别涉及农药残留 85 项，兽药残留 21，共计 106 项，结果见表 3-1。

表 3-1 中国国家标准对蛋品农兽药残留限量的规定（毫克/千克）

标准名称	药物名称	限量值	药物名称	限量值	药物名称	限量值
NY/T 754—2011	六六六	0.05	DDT	0.05	土霉素	0.1
	四环素	0.2	金霉素	0.2	磺胺类	0.1
	硝基呋喃类代谢物	0.000 25				
GB 2763—2019	2,4-滴和2,4-滴钠盐	0.01*	2甲4氯（钠）	0.05*	矮壮素	0.1*
	百草枯	0.005*	苯丁锡	0.05	苯菌酮	0.01*
	苯并烯氟菌唑	0.01*	苯醚甲环唑	0.03	苯线磷	0.01*
	吡虫啉	0.02*	吡噻菌胺	0.03*	吡唑醚菌酯	0.05*
	吡唑萘菌胺	0.01*	丙环唑	0.01	丙溴磷	0.02
	草铵膦	0.05*	虫酰肼	0.02	除虫脲	0.05*
	敌草快	0.05*	敌敌畏	0.01*	丁苯吗啉	0.01
	丁硫克百威	0.05	啶虫脒	0.01	啶酰菌胺	0.02
	毒死蜱	0.01	多菌灵	0.05	多杀霉素	0.01*
	噁唑菌酮	0.01*	二嗪磷	0.02*	呋虫胺	0.02*
	氟吡菌胺	0.01*	氟虫腈	0.02	氟啶虫胺腈	0.1*
	氟硅唑	0.1	氟氯氰菊酯和高效氟氯氰菊酯	0.01*	氟酰脲	0.1

（续）

标准名称	药物名称	限量值	药物名称	限量值	药物名称	限量值
GB 2763—2019	甲胺磷	0.01	甲拌磷	0.05	甲基毒死蜱	0.01
	甲基嘧啶磷	0.01	喹氧灵	0.01	乐果	0.05*
	联苯肼酯	0.01*	联苯三唑醇	0.01	硫丹	0.03
	螺虫乙酯	0.01*	氯氨吡啶酸	0.01*	氯虫苯甲酰胺	0.2*
	氯菊酯	0.1	氯氰菊酯和高效氯氰菊酯	0.01	麦草畏	0.01*
	咪鲜胺和咪鲜胺锰盐	0.1	咪唑菌酮	0.01*	咪唑烟酸	0.01*
	醚菊酯	0.01*	嘧菌环胺	0.01*	嘧菌酯	0.01*
	灭草松	0.01*	灭多威	0.02*	灭蝇胺	0.3*
	氰戊菊酯和S-氰戊菊酯	0.01	炔螨特	0.1	噻草酮	0.15
	噻虫胺	0.01	噻虫啉	0.02*	噻虫嗪	0.01
	噻节因	0.01	噻菌灵	0.1	噻螨酮	0.05*
	三唑醇	0.01*	三唑酮	0.01*	杀螟硫磷	0.05
	杀扑磷	0.02	杀线威	0.02*	霜霉威和霜霉威盐酸盐	0.01
	四螨嗪	0.05*	特丁硫磷	0.01*	艾氏剂	0.1
	滴滴涕	0.1	狄氏剂	0.1	林丹	0.1
	六六六	0.1	氯丹	0.02	七氯	0.05
	五氯硝基苯	0.03				
GB 31650—2019	氨丙啉	4	洛克沙胂	0.5	杆菌肽	0.5
	黏菌素	0.3	溴氰菊酯	0.03	红霉素	0.05
	芬苯达唑	1.3	氟苯达唑	0.4	林可霉素	0.05
	新霉素	0.5	土霉素/金霉素/四环素	0.4	哌嗪	2
	大观霉素	2	泰妙菌素	1	泰乐菌素	0.3
	泰万菌素	0.2				

注：*表示临时限量。

二、微生物限量

中国蛋及蛋制品的标准限量对蛋制品进行了详细分类，包括冰鸡蛋黄、冰鸡蛋白、巴氏杀菌全蛋粉、咸蛋和皮蛋等，每种蛋制品都进行了菌落总数、大肠菌群、致病菌（沙门氏菌）的限量标准，《绿色食品　蛋与蛋制品》（NY/T 754）中要求对沙门氏菌、志贺氏菌、金黄色葡萄球菌和溶血性链球菌这几种致病菌均不得检出。

三、添加剂及其他污染物限量

中国对蛋品的添加剂及重金属有限量规定。目前涉及蛋品添加剂及其他污染物限量的相关国家标准有《食品安全国家标准　食品添加剂使用标准》（GB 2760），同时《食品安全国家标准　食品中污染物限量》（GB 2762）对蛋品铅、汞、砷、镉等重金属制定了限量标准，见表3-2。

表3-2　鸡蛋中污染物残留最高限量对比

污染物	中国	CAC	欧盟	日本	美国
铅（毫克/千克）	蛋及制品0.2，皮蛋、皮蛋肠0.5	蛋黄酱0.3	—	—	—
汞（毫克/千克）	鲜蛋0.05	0.05	—	—	—
砷（毫克/千克）	—	—	—	—	0.5
镉（毫克/千克）	0.05	0.05	—	—	—
三聚氰胺（毫克/千克）	2.5	2.5	—	—	—
对羟基苯甲酸酯类及其钠盐（毫克/千克）	热凝固蛋制品（如蛋黄酪、松花蛋肠）200	—	—	—	—
二氧化硅（克/千克）	脱水蛋制品15	—	—	—	—
甲壳（克/千克）	蛋黄酱2	—	—	—	—
聚葡萄糖（毫克/千克）	GMP	—	—	—	—
蔗糖（克/千克）	蛋黄酱1.25	—	—	—	—
蔗糖脂肪酸酯（克/千克）	鲜蛋1.5	—	—	—	—
胭脂红及其铝色淀（毫克/千克）	蛋黄酱50	—	—	—	—
液状石蜡（克/千克）	5	—	—	—	蛋糕：0.2%以下

（续）

污染物	中国	CAC	欧盟	日本	美国
二噁英（微克/千克）	—	—	3	—	—
二噁英和二噁英类多氯联二苯总量（微克/千克）	—	—	6	—	—
亚硝酸钠（毫克/千克）	—	—	—	70	—
焦糖色Ⅲ-氨法（着色剂）	—	蛋 GMP	—	—	—
焦糖色Ⅳ-亚硫酸氨法（着色剂）（毫克/千克）	—	蛋制品 20 000	—	—	—
靛蓝（着色剂）（毫克/千克）	—	蛋 300	—	—	—
二乙酰酒石酸和脂肪酸甘油酯（稳定剂）（毫克/千克）	—	干制、热凝固的蛋制品 5 000	—	—	—
核黄素（着色剂）（毫克/千克）	—	蛋 300，蛋制品 1 000	—	—	—
β-胡萝卜素（着色剂）（毫克/千克）	—	蛋 1 000	—	—	—
坚牢绿（着色剂）（毫克/千克）	—	蛋 GMP	—	—	—
亮蓝（着色剂）（毫克/千克）	—	蛋 GMP	—	—	—
磷酸盐（助剂）（毫克/千克）	—	液体蛋制品 4 400，冷冻蛋制品 1 290	—	—	—
日落黄（着色剂）（毫克/千克）	—	蛋 GMP	—	—	—
胭脂虫红（着色剂）（毫克/千克）	—	蛋 GMP	—	—	—
乙二胺四乙酸盐（螯合剂）（毫克/千克）	—	干制、热凝固的蛋制品 200	—	—	—
蔗糖甘油酯（乳化剂）（毫克/千克）	—	蛋 500	—	—	—
诱惑红（毫克/千克）	—	蛋 100	—	—	—
氧化铁（毫克/千克）	—	蛋 GMP	—	—	—
角黄素（毫克/千克）	—	蛋 GMP	—	—	—

（续）

污染物	中国	CAC	欧盟	日本	美国
硫酸铝铵（毫克/千克）	—	蛋制品 30	—	—	—
苯甲酸盐（毫克/千克）	—	液体蛋制品 5 000	—	—	—
山梨酸盐（毫克/千克）	—	液体蛋制品 5 000，冷冻、干制、热凝固的蛋制品 1 000	—	—	—
柠檬酸三乙酯（毫克/千克）	—	液体、干制、热凝固的蛋制品 2 500	—	—	—
硫酸软骨素钠（克/千克）	—	—	—	蛋黄酱 20	—
乙二胺四乙酸二钠钙（毫克/千克）	—	—	—	—	在煮鸡蛋的蛋白内 200
乙二胺四乙酸二钠（毫克/千克）	—	—	—	—	蛋黄酱 75
乙氧基喹（毫克/千克）	—	—	—	—	家禽蛋 0.5

注：GMP 表示按生产需要适量使用；"—"表示目前尚无相关限量标准。

资料来源：中国技术贸易措施网站（www.tbt-sps.gov.cn）及各国相关限量标准。

第二节　认　　证

一、ISO 9000 认证

ISO 9000 标准体系，是设在日内瓦的国际标准化组织制定的。ISO 9000 从 20 世纪 80 年代末开始制定，目的是为 1992 年欧洲经济共同体制定统一的产品质量标准。ISO 9000 标准明确了质量管理和质量保证体系，适用于生产型及服务型企业。ISO 9000 系列是众多 ISO（国际标准化组织）设立的国际标准中最著名的标准。此标准并不是评估产品的质量，而是评估产品在生产过程中的品质控制，是一个组织管理的标准。

GB/T 19000—ISO 9000 是中华人民共和国国家标准，属于推荐性标准，国家鼓励企业自愿采用，目前在中国境内有质量体系认证机构国家认可委员会（CNACR）和出口商品生产企业质量体系（ISO 9000）工作委员会两个认证委员会。两个认证委员会的认证机构可为国内企业提供认证服务。

ISO 9000 认证在蛋品行业推行的意义有以下几个方面。

（1）强化蛋品品质管理，提高企业效益，增强客户信心，扩大市场份额。

（2）获得了国际贸易绿卡——"通行证"，消除了蛋品行业国际贸易壁垒，主要是产品品质认证和 ISO 9000 品质体系认证的壁垒。

（3）节省了第二方审核的精力和费用。

（4）在产品品质竞争中立于不败之地。

（5）有利于蛋品行业国际间的经济合作和技术交流。

（6）强化企业内部管理，稳定经营运作，减少因员工辞职造成的技术或质量波动。

（7）提升蛋品行业企业形象。

二、ISO 14000 认证

国际标准化组织（ISO）于 1993 年 6 月成立了 ISO/TC 3207 环境管理技术委员会，正式开展环境管理系列标准的制定工作，以规划企业和社会团体等所有组织的活动、产品和服务的环境行为，支持全球的环境保护工作。ISO 14000 标准明确了环境质量管理体系。

1996 年 9 月，国际标准化组织颁布了首批 5 项 ISO 14000 标准，中国当年即将其转化为国家标准。1997 年 4 月，经国务院批准，组建了中国环境管理体系认证指导委员会，负责指导并统一管理 ISO 14000 系列标准的实施。

ISO 14000 认证是提高蛋品企业环境管理水平和人员素质行之有效的管理工具，同时对提高蛋品企业环境管理水平、扩大我国蛋品出口、改善环境状况等方面具有积极作用。另外，可以通过符合该地区而非出口市场所在国的环保法律法规来达到 ISO 14000 要求，体现了贸易对等原则，有助于消除贸易壁垒。当今，发达国家都是在较好的环境管理、环保科技的基础上采用 ISO 14000 标准的，在这一点上，包括我国在内的大部分发展中国家有很多不足之处。所以发达国家可以通过严格蛋品立法和贸易政策，形成对我国蛋品出口的贸易壁垒。我国须通过双边和多边贸易协定等国际谈判方式尽快实施 ISO 14000 标准，以保障我国蛋品出口事业的健康发展。

三、HACCP 认证

为了规范中国食品生产企业 HACCP 管理体系的建立、实施、验证以及 HACCP 认证工作，提高食品安全卫生质量、扩大食品出口，根据《中华人民共和国食品卫生法》《中华人民共和国进出口商品检验法》《中华人民共和国进出口商品检验法实施条例》和国务院的有关规定，国家认证认可监督管理委员会于 2002 年 3 月发布了《食品生产企业危害分析与关键控制点（HACCP）管理体系认证管理规定》。2002 年 4 月 19 日，国家质量监督检验检疫总局第 20 号令颁布了《出口食品生产企业卫生注册登记管理规定》，并以附件形式发布了《实施出口食品卫生注册、登记的产品目录》《出口食品生产企业卫生要求》《卫生注册需评审 HACCP 体系的产品目录》，要求各地检验检疫部门在对六类出口食品企业实施卫生注册时要对企业的 HACCP 体系进行官方验证。为了便于 HACCP 体系的贯彻执行，认监委于 2002 年 5 月 8 日颁布了《危害分析与关键控制点（HACCP）体系及其应用准则》。至 2012 年，中国 HACCP 有效认证证书 14 100 张、获证食品企业 8 500 余家；共有 5 500 家出口食品生产企业建立实施 HACCP 食品安全管理体系并通过了检验检疫机构的官方验证。

在蛋品的生产过程中，控制潜在危害的先期觉察决定了 HACCP 的重要性。通过对主要危害，如微生物、化学和物理污染的控制，食品工业可以更好地向消费者提供消费方面的安全保证，降低蛋品生产过程中的危害，从而保障人们的食品安全。

四、GMP 认证

1969 年，美国食品药品监督管理局发布了关于食品制造、加工、包装和保存的良好生产规范，简称 GMP 或 FGMP 基本法，并陆续发布各类食品的GMP。目前，美国已立法强制实施食品 GMP。1969 年，世界卫生组织向全世界推荐 GMP。GMP 要求食品生产企业应具备良好的生产设备、合理的生产过程、完善的质量管理和严格的检测系统，确保最终产品的质量（包括食品安全卫生）符合法规要求。中国蛋品行业推行 GMP 认证是中国蛋品走向世界、与国际贸易接轨的重要举措。

五、QS 认证

经过中国批准的所有食品生产企业必须经过强制性的检验，合格且在最小销售单元的食品包装上标注食品生产许可证编号并加印食品质量安全市场准入标志（QS 标志）后才能出厂销售。没有食品质量安全市场准入标志的，不得出厂销售。2005 年底，中国全部 28 大类食品都被纳入食品质量安全准入制度。食品质量安全市场准入制度是指食品生产企业必须在生产环境、生产设备、制造工艺和产品标准等方面达到国家标准、并获得国家颁发的食品生产许可证后，才有资格从事食品生产。

QS 认证是中国蛋品产品进入市场的有效通行证。QS 认证依照《产品良好生产操作规程》规范蛋品的生产过程，提高蛋品产品质量，减少质量波动与不合格品产生，保证产品质量的稳定性，进而保障消费者合法权益。对企业而言通过认证可以提高管理水平，对生产规范化管理，降低企业成本，科学、合理地运用资源，进而提高蛋品企业的经济效益。

六、有机食品认证

有机蛋品是来自有机农业生产体系，根据有机农业生产的规范生产加工，并经有机食品认证机构认证的农产品及其加工产品。选用有可食饲料资源（如昆虫、饲草、野菜等）的山地、林地、果园、草地或草山草坡。饮用水符合《生活饮用水卫生标准》（GB 5749）、产地检疫符合《病害动物和病害动物产品生物安全处理规程》（GB 16548）的要求。相关生产技术规程按《有机食品　鸡蛋生产技术规程》（DB13/T 1214）的规定执行。

七、绿色食品认证

绿色食品蛋产品产地环境质量符合《绿色食品　产地环境质量》（NY/T 391）规定，添加剂使用符合《绿色食品　食品添加剂使用准则》（NY/T 392）规定，饲料使用符合《绿色食品　畜禽饲料及饲料添加剂使用准则》（NY/T 471）规定。相关生产技术规程按《绿色食品　蛋与蛋制品》（NY/T 754）的规定执行。

八、无公害食品认证

通过无公害食品认证的蛋产品，产地环境条件必须符合《无公害畜禽肉产地环境要求》（GB/T 18407.3）、《无公害食品　畜禽饮用水水质》（NY 5027）、《无公害食品　畜禽产品加工用水水质》（NY 5028）的规定。相关生产技术规程按《无公害食品　畜禽饲料和饲料添加剂使用准则》（NY 5032）、《无公害食品　畜禽饲养鸡兽药使用准则》（NY 5030）、《无公害食品　家禽养殖生产管理规范》（NY 5038）和《无公害食品　畜禽饲养兽医防疫准则》（NY/T 5339）的规定执行。

第三节　不同标准的等级规格要求

一、农业与商业行业标准中鲜蛋等级规格要求

鲜蛋按《鲜蛋等级规格》（NY/T 1758）的规定执行，鲜鸡蛋分为特级、一级、二级和三级4个等级（表3-3），感官项目分为蛋壳、气室、蛋白、蛋黄4个项目（表3-4），鲜鸭蛋感官检测项目与鲜鸡蛋相同（表3-5）。蛋壳、蛋白、蛋黄测定按《鲜鸡蛋》（SB/T 10277）的规定执行。气室则采取光照透视，经过气室测定仪测得左右两边气室高度，取平均值测定。哈氏单位检测按《家禽生产性能名词术语和度量统计方法》（NY/T 823）的规定执行。最终判定以鸡蛋各项指标分别进行等级判定，以各项所得等级的最低等

级为鲜蛋最终等级。

表 3-3 鲜鸡蛋哈氏单位分级

等级	哈氏单位
特级	＞72
一级	60～72
二级	31～59
三级	＜31

资料来源：《鲜蛋等级规格》（NY/T 1758—2009）。

表 3-4 鲜鸡蛋感官分级

项目	分级指标			
	特级	一级	二级	三级
蛋壳	清洁无污物，坚固，无损	基本清洁、无损	不太清洁，无损	不太清洁，有粪污，无损
气室	高度＜4毫米，不移动	高度＜6毫米，不移动	高度＜8毫米，略能移动	高度＜9.5毫米，移动或有气泡
蛋白	清澈透明且浓厚	透明且浓厚	浓厚	稀薄
蛋黄	居中，不偏移，呈球形	居中或稍偏，不偏移，呈球形	略偏移，稍扁平	移动自如，偏移，形状不规则

资料来源：《鲜蛋等级规格》（NY/T 1758—2009）。

表 3-5 鲜鸭蛋感官分级

项目	分级指标			
	特级	一级	二级	三级
蛋壳	清洁无污物，坚固，无损	基本清洁、无损	不太清洁，无损	不太清洁，有粪污，无损
气室	高度＜5毫米，不移动	高度＜8毫米，不移动	高度＜11毫米，略能移动	高度＜13毫米，移动或有气泡
蛋白	清澈透明且浓厚	透明且浓厚	浓厚	稀薄
蛋黄	居中，不偏移，呈球形	居中或稍偏，不偏移，呈球形	略偏移，稍扁平	移动自如，偏移，形状不规则

资料来源：《鲜蛋等级规格》（NY/T 1758—2009）。

二、国内贸易行业标准中鲜蛋等级规格要求

国内贸易行业标准《鲜鸡蛋、鲜鸭蛋分级》（SB/T 10638—2011）中对鲜鸡蛋、鲜鸭蛋的品质分级要求见表3-6。鲜鸡蛋、鲜鸭蛋的重量分级要求见表3-7。

表3-6 鲜鸡蛋、鲜鸭蛋的品质分级要求

项目	指标		
	AA 级	A 级	B 级
蛋壳	清洁、完整，成规则卵圆形，具有蛋壳固有色泽，表面无肉眼可见污物		
蛋白	黏稠、透明，浓蛋白、稀蛋白清晰可辨	较黏稠、透明，浓蛋白、稀蛋白清晰可辨	较黏稠、透明
蛋黄	居中，轮廓清晰，胚胎未发育	居中或稍偏，轮廓清晰，胚胎未发育	居中或稍偏，轮廓较清晰，胚胎未发育
异物	蛋内容物中无血斑、肉斑等异物		
哈夫单位	≥72	≥60	≥55

表3-7 鲜鸡蛋、鲜鸭蛋的重量分级要求

类别	级别		单枚鸡蛋重范围（克）	每100枚鸡蛋最低蛋重（千克）
鲜鸡蛋	XL		≥68	≥6.9
	L	L（+）	≥63 且<68	≥6.4
		L（−）	≥58 且<63	≥5.9
	M	M（+）	≥53 且<58	≥5.4
		M（−）	≥48 且<53	≥4.9
	S	S（+）	≥43 且<48	≥4.4
		S（−）	<43	—
鲜鸭蛋	XXL		≥85	≥8.6
	XL		≥75 且<85	≥7.6
	L		≥65 且<75	≥6.6
	M		≥55 且<65	≥5.6
	S		<55	—

注：在鸡蛋分级过程中生产企业可根据技术水平可以将L、M进一步分为"＋"和"－"两种级别。

第四节 包装、标识及相关要求

《鲜蛋包装与标识》（SB/T 10895—2012）的执行包装、标识及相关要求，

具体要求见表 3-8。销售包装材质可分为纸浆材料与塑料材料，塑料蛋盒抗压规格见表 3-9，运输包装的种类与要求见表 3-10。

表 3-8　销售包装的种类与要求

项目	纸浆材料	塑料材料
包装材料要求	植物纤维	聚氯乙烯原料符合 GB/T 15267—1994 的要求 聚酯原料符合 GB/T 14189—2008 的要求 聚苯乙烯原料符合 GB/T 16719—2008 的要求
感官要求	清洁，不应有明显的残缺、破损、裂缺、裂口、孔眼等影响使用的缺陷，切边应整齐、完整	无异味，无杂质，线条清晰、无毛刺、边缘整齐、无成型缺陷等现象
卫生指标	无毒、无害	聚氯乙烯卫生指标符合 GB/T 9681—1998 的要求 聚酯卫生指标符合 GB/T 14189—2008 的要求 聚苯乙烯卫生指标符合 GB/T 9689—1988 的要求
物理指标	强度与硬度适合鲜蛋包装要求，蛋托装蛋后堆高 10 层不变形	蛋托装置后堆高 20 层不变形，蛋盒按表 3-9 用压力器或砝码进行物理检测，或用实际重量与理论重量进行数据比较，偏差≤3% 为合格；或实际装置堆高检验

表 3-9　塑料蛋盒抗压规格

塑料蛋盒	抗压强力
2～4 枚	≥4 千克
5～8 枚	≥7 千克
9～12 枚	≥11 千克
13～19 枚	≥16 千克
20 枚及以上	≥25 千克

表 3-10　运输包装的种类与要求

种类	要求
纸箱	应牢固，捆扎结实，正常运输中不得松散 纸箱外面应有符合包装标准所规定的包装标志 纸箱大小与所装的内容物相配合
塑料周转箱	应符合 GB/T 6388—1986 的要求
木箱	应符合 GB/T 12464—2002 的要求

运输包装尺寸应符合《硬质直方体运输包装尺寸系列》（GB/T 4892）、《圆柱体运输包装尺寸系列》（GB/T 13201）、《袋类运输包装尺寸系列》（GB/T 13757）的规定。包装单元应符合《包装单元货物尺寸》（GB/T 15233）的规定，包装标识《预包装食品标签通则》（GB 7718）的要求，对鲜蛋的生产地进行编码，编码要求符合《农产品产地编码规则》（NY/T 1430）的规定。鲜蛋上应标明产品的品牌或厂名及生产日期，如果是喷码标识以上信息，应采用可食用墨水。包装标识上应有产品执行标准名称。

第四章 国外技术性贸易措施分析

第一节 国际组织要求

一、CAC 蛋品兽药残留限量要求

CAC（国际食品法典委员会）蛋品兽药残留限量标准主要收集在食品法典 CAC/MRL2《食品中的兽药残留》中，共有限量指标 8 项，主要为抗菌剂和杀虫剂，见表 4-1。由 CAC 制定的蛋品限量标准中可以看出兽药残留限量标准较少。

表 4-1 CAC 蛋品兽药残留限量（毫克/千克）

兽药名称	限量值
新霉素	0.5
大观霉素	2
金霉素、土霉素、四环素（总量）	0.4
氟苯达唑	0.4
溴氰菊酯	0.02
红霉素	0.05
黏菌素	0.3
泰乐菌素	0.3

CAC 与中国对蛋类产品的农兽药残留限量的比较结果见表 4-2，其中，甲基毒死蜱、灭草松限量宽于中国，氯虫酰胺、苯醚甲环唑、溴氰菊酯、氟酰脲和林丹限量严于中国，特别是林丹和氯虫苯甲酰胺，最高允许残留量分别是中国的 1/10 和 1/20。

本节共整理了 CAC 与中国对蛋类产品的农兽药残留限量 133 项，中国公布鸡蛋中农兽药残留限量项目 106 项，CAC 对蛋类产品共规定了 95 种农兽药的残留限量，与中国同时有限量要求的项目有 68 项，有 61 项限量相同，有 38 项农兽药残留限量中国有规定而 CAC 没有规定（表 4-3）。

表 4 - 2　中国与 CAC 鸡蛋中农兽药限量规定对比（毫克/千克）

项目	中国	CAC
与中国标准限量一致的项目	61	
规定严格中国的项目（5项）	氯虫苯甲酰胺（0.2*）、苯醚甲环唑（0.03）、溴氰菊酯（0.03）、林丹（0.1）、氟酰脲（0.1）	氯虫酰胺（0.01）、苯醚甲环唑（0.01）、溴氰菊酯（0.02）、林丹（0.01）、氟酰脲（0.01）
规定宽于中国的项目（2项）	甲基毒死蜱（0.01）、灭草松（0.01*）	甲基毒死蜱（0.05）、灭草松（0.05）
有限量值规定的农兽药种类的数量	106 种	95 种
对方国家未做限量值规定的农兽药种类	38 种	27 种

注：＊表示临时限量。

表 4 - 3　中国与 CAC 鸡蛋中农兽药残留限量比较（毫克/千克）

序号	农兽药		限量要求	
	中文名	英文名	中国	CAC
1	氟苯哒唑	Flubendazole	0.4	0.4
2	土霉素、金霉素、四环素（总量）	Oxytetracycline, Tetracycline and Chlortetracycline	0.4	0.4
3	滴滴涕：p, p'-DDT、o, p'-DDT、p, p'-DDD 和 p, p'-DDE 的总量	DDT：Sum of p, p'-DDT, o, p'-DDT, p, p'-DDD and p, p'-DDE	0.1	0.1
4	红霉素	Erythromycin	0.05	0.05
5	黏菌素	Colistin	0.3	0.3
6	大观霉素	Spectinomycin	2	2
7	泰乐菌素	Tylosin	0.3	0.3
8	新霉素	Neomycin	0.5	0.5
9	二嗪磷	Diazinon	0.02*	0.02
10	敌草快	Diquat	0.05*	0.05

（续）

序号	农兽药		限量要求	
	中文名	英文名	中国	CAC
11	除虫脲	Diflubenzuron	0.05*	0.05
12	杀扑磷	Methidathion	0.02	0.02
13	灭蝇胺	Cyromazine	0.3*	0.3
14	氯氰菊酯	Cypermethrin	0.01	0.01
15	乙酰甲胺磷	Acephate	0.01	0.01
16	2,4-滴	2,4-D	0.01*	0.01
17	五氯硝基苯	Quintozene；PCNB	0.03	0.03
18	四螨嗪	Clofentezine	0.05*	0.05
19	氯丹	Chlordane	0.02	0.02
20	毒死蜱	Chlorpyrifos	0.01	0.01
21	三唑醇	Triadimenol	0.01*	0.01
22	三唑酮	Triadimefon	0.01*	0.01
23	百草枯	Paraquat	0.005*	0.005
24	氯菊酯	Permethrin（Permetrin）	0.1	0.1
25	苯丁锡	Fenbutatin oxide（Vendex）	0.05	0.05
26	氟硅唑	Flusilazole	0.1	0.1
27	丙溴磷	Profenofos	0.02	0.02
28	丙环唑	Propiconazole	0.01	0.01
29	甲基嘧啶磷	Pirimiphos-methyl	0.01	0.01
30	七氯	Heptachlor	0.05	0.05
31	氯氨吡啶酸	Aminopyralid	0.01*	0.01
32	腈嘧菌酯	Azoxystrobin	0.01*	0.01
33	联苯肼酯	Bifenazate	0.01*	0.01
34	双苯三唑醇	Bitertanol	0.01	0.01
35	多菌灵	Carbendazim	0.05	0.05
36	丁硫克百威	Carbosulfan	0.05	0.05
37	矮壮素	Chlormequat	0.1*	0.1
38	氟氯氰菊酯/β-氟氯氰菊酯	Cyfluthrin/beta-cyfluthrin	0.01*	0.01
39	嘧菌环胺	Cyprodinil	0.01*	0.01

（续）

序号	农兽药		限量要求	
	中文名	英文名	中国	CAC
40	噻节因	Dimethipin	0.01	0.01
41	乐果	Dimethoate	0.05*	0.05
42	杀螟硫磷	Fenitrothion	0.05	0.05
43	硫丹	Endosulfan	0.03	0.03
44	s-氰戊菊酯	Esfenvalerate	0.01	0.01
45	噁唑菌酮	Famoxadone	0.01*	0.01
46	苯线磷	Fenamiphos	0.01*	0.01
47	丁苯吗啉	Fenpropimorph	0.01	0.01
48	氟虫腈	Fipronil	0.02	0.02
49	草铵膦	Glufosinate - Ammonium	0.05*	0.05
50	甲胺磷	Methamidophos	0.01	0.01
51	灭多威	Methomyl	0.02*	0.02
52	杀线威	Oxamyl	0.02*	0.02
53	炔螨特	Propargite	0.1	0.1
54	甲拌磷	Phorate	0.05	0.05
55	吡唑醚菌酯	Pyraclostrobin	0.05*	0.05
56	咪酰胺	Prochloraz	0.1	0.1
57	喹氧灵	Quinoxyfen	0.01	0.01
58	虫酰肼	Tebufenozide	0.02	0.02
59	特丁硫磷	Terbufos	0.01*	0.01
60	噻菌灵	Thiabendazole	0.1	0.1
61	噻虫啉	Thiacloprid	0.02*	0.02
62	甲基毒死蜱	Chlorpyrifos - methyl	0.01	0.05↑
63	灭草松	Bentazone	0.01*	0.05↑
64	氯虫苯甲酰胺	Chlorantraniliprole	0.2*	0.01↓
65	溴氰菊酯	Deltamethrin	0.03	0.02↓
66	林丹	Lindane	0.1	0.01↓
67	氟酰脲	Novaluron	0.1	0.01↓
68	苯醚甲环唑	Difenoconazole	0.03	0.01↓
69	艾氏剂和狄氏剂	Aldrin & Dieldrin	—	0.1
70	草甘膦	Glyphosate	—	0.05

（续）

序号	农兽药		限量要求	
	中文名	英文名	中国	CAC
71	乙拌磷	Disulfoton	—	0.02
72	腈菌唑	Myclobutanil	—	0.01
73	烯虫酯	Methoprene	—	0.02
74	联苯菊酯	Bifenthrin	—	0.01
75	乙烯菌核利	Vinclozolin	—	0.05
76	腈苯唑	Fenbuconazole	—	0.05
77	戊菌唑	Penconazole	—	0.05
78	甲氰菊酯	Fenpropathrin	—	0.01
79	抗蚜威	Pirimicarb	—	0.01
80	烯草酮	Clethodim	—	0.05
81	噻吩草胺-P	Dimethenamid - P	—	0.01
82	三氯杀螨醇	Dicofol	—	0.05
83	烯酰吗啉	Dimethomorph	—	0.01
84	二硫代氨基甲酸酯	Dithiocarbamates	—	0.05
85	乙烯利	Ethephon	—	0.2
86	咯菌腈	Fludioxonil	—	0.05
87	氟酰胺	Flutolanil	—	0.05
88	茚虫威	Indoxacarb	—	0.01
89	甲氧虫酰肼	Methoxyfenozide	—	0.01
90	亚砜磷	Oxydemeton - methyl	—	0.05
91	增效醚	Piperonyl butoxide	—	1
92	扑派威	Propamocarb	—	0.01
93	斯宾喏沙	Spinozad	—	0.01
94	戊唑醇	Tebuconazole	—	0.05
95	肟菌酯	Trifloxystrobin	—	0.04
96	杆菌肽	BA＋C98：D113Citracin	0.5	—
97	洛克沙肿	Roxarsone	0.5	—
98	林可霉素	Lincomycin	0.05	—
99	金霉素	chlortetracycline	0.2	—
100	土霉素	Oxytetracycline	0.2	—
101	四环素	Tetracycline	0.2	—

（续）

序号	农兽药		限量要求	
	中文名	英文名	中国	CAC
102	哌嗪	Piperazine	2	—
103	硝基呋喃代谢物	Furazolidone	0.000 25	—
104	磺胺类药物	Sulfonamides	0.1	—
105	六氯苯/六六六	Hexachlorobenzene/γ – BHC	0.1	—
106	苯并烯氟菌唑	Benzoene fluconazole	0.01*	—
107	吡虫啉	Imidacloprid	0.02*	—
108	吡唑萘菌胺	Isopyrazam	0.01*	—
109	氟吡菌胺	Furametpyr	0.01*	—
110	螺虫乙酯	Spirotetramat	0.01*	—
111	醚菊酯	Etofenprox	0.01*	—
112	噻虫胺	Clothianidin	0.01	—
113	2甲4氯（钠）	MCPA – sodium	0.05*	—
114	吡噻菌胺	Penthiopyrad	0.03*	—
115	敌敌畏	Dichlorvos	0.01*	—
116	啶虫脒	Acetamiprid	0.01	—
117	咪唑菌酮	Fenamidone	0.01*	—
118	苯菌酮	Metrafenone	0.01*	—
119	啶酰菌胺	Boscalid	0.02	—
120	多杀霉素	Spinosyn	0.01*	—
121	呋虫胺	Dinotefuran	0.02*	—
122	氟啶虫胺腈	Sulfoxaflor	0.1*	—
123	麦草畏	Dicamba	0.01*	—
124	咪唑烟酸	Imazapyr acid	0.01*	—
125	噻草酮	Cycloxydim	0.15	—
126	噻虫嗪	Thiamethoxam	0.01	—
127	噻螨酮	Hexythiazox	0.05*	—
128	霜霉威和霜霉威盐酸盐	Propamocarb and Creamy saline hydrochloride	0.01	—
129	泰万菌素	Tylosin 3 – acetate 4B – (3 – methylbutanoate) (2R, 3R) – 2, 3 – dihydroxybutanedioate	0.2	—

（续）

序号	农兽药		限量要求	
	中文名	英文名	中国	CAC
130	艾氏剂	Aldrin	0.1	—
131	狄氏剂	Dieldrin	0.1	—
132	芬苯达唑	Fenbendazole	1.3	—
133	氨丙磷	Amprolium	4	—

注：↑表示限量高于中国；↓表示限量低于中国。＊表示临时限量。

资料来源：中国技术贸易措施网站（www.tbt-sps.gov.cn）及各国相关限量标准。

二、CAC 蛋品微生物限量要求

中国蛋及蛋制品的标准限量对蛋制品进行了详细地分类，包括冰鸡蛋黄、冰鸡蛋白、巴氏杀菌全蛋粉、咸蛋、皮蛋等，每种蛋制品都进行了菌落总数、大肠菌群、致病菌（沙门氏菌）的限量标准（表4-4），《绿色食品 蛋与蛋制品》（NY/T 754—2011）中对沙门氏菌、志贺氏菌、金黄色葡萄球菌、溶血性链球菌这几种致病菌均有限量要求。

表4-4 中国蛋品微生物限量

相关标准	标准号	微生物	限量值
蛋制品卫生标准	GB 2749—2004	菌落总数	巴氏杀菌冰全蛋≤5 000CFU/克
			冰蛋黄、冰蛋白≤1 000 000CFU/克
			巴氏杀菌冰全蛋粉≤10 000CFU/克
			蛋黄粉≤50 000CFU/克
			糟蛋≤100CFU/克
			皮蛋≤500CFU/克
		大肠菌群	巴氏杀菌冰全蛋≤1 000MPN/100克
			冰蛋黄、冰蛋白≤1 000 000MPN/100克
			巴氏杀菌冰全蛋粉≤90MPN/100克
			蛋黄粉≤40MPN/100克
			糟蛋≤30MPN/100克
			皮蛋≤30MPN/100克
		致病菌（沙门氏菌、志贺氏菌）	不得检出

（续）

相关标准	标准号	微生物	限量值
绿色食品 蛋与蛋制品	NY/T 754—2011	菌落总数	鲜蛋≤100CFU/克
			皮蛋≤500CFU/克
			咸蛋≤500CFU/克
			糟蛋≤100CFU/克
			巴氏杀菌冰全蛋≤5 000CFU/克
			冰全蛋≤1 000 000CFU/克
			冰蛋白≤1 000 000CFU/克
			巴氏杀菌全蛋粉≤10 000CFU/克
			蛋黄粉≤50 000CFU/克
			蛋白片≤50 000CFU/克
		大肠菌群	鲜蛋＜0.3MPN/100 克
			皮蛋＜30MPN/100 克
			咸蛋＜100MPN/100 克
			糟蛋＜30MPN/100 克
			巴氏杀菌冰全蛋＜1 000MPN/100 克
			冰蛋黄＜1.1×10^6MPN/100 克
			冰蛋白＜1.1×10^6MPN/100 克
			巴氏杀菌全蛋粉＜90MPN/100 克
			蛋黄粉＜40MPN/100 克
			蛋白片＜40MPN/100 克
		沙门氏菌	不得检出
		志贺氏菌	不得检出
		金黄色葡萄球菌	不得检出
		溶血性链球菌	不得检出
抽空软包装 卤蛋制品	SB/T 10369—2005	微生物	商业无菌
卤蛋	GB/T 23970—2009	微生物	商业无菌

资料来源：中国蛋品相关限量标准及方法标准。

　　CAC 对干燥冷冻蛋制品中的需氧嗜温菌、大肠菌群、沙门氏菌进行了限量要求，同时对不同类别的蛋制品的大肠菌群及沙门氏菌进行了限量要求（表 4-5）。

表 4-5　CAC 蛋品微生物限量

微生物	限量
需氧嗜温菌	整只，干燥冷冻 $m=50\,000$　$M=1\,000\,000$
大肠菌群	整只，干燥冷冻 $m=10$　$M=100$
沙门氏菌	整只，干燥冷冻 $m=0$
	整只，干燥冷冻用于特殊食疗目的 $m=0$
	其他 $m=0$
	其他，用于特殊食疗目的 $m=0$

注：m 指合格菌数限量，将可接受与不可接受的数量区别开；M 指附加条件，判定为合格的菌数限量，表示边缘的可接受数与边缘的不可接受数之间的界限。

资料来源：《食品微生物标准的制定和应用原则》（CAC/GL 21—1997）。

CAC 对蛋类产品规定了 3 项微生物的限量，其中与中国同时有限量要求的项目只有 2 项，中国对蛋类产品规定的致病菌种类比 CAC 多了 3 种（表 4-6）。

表 4-6　中国与 CAC 鸡蛋中微生物限量规定对比

项目	中国	CAC
细菌总数	无规定	无规定
大肠菌群	无规定	$m=10$　$M=100$
致病菌	致病菌（沙门氏菌、志贺氏菌、金黄色葡萄球菌、溶血性链球菌）不得检出	沙门氏菌不得检出
需氧嗜温菌	无规定	$m=5\times10^4$　$M=1\times10^6$

注：m 指合格菌数限量，将可接受与不可接受的数量区别开；M 指附加条件，判定为合格的菌数限量，表示边缘的可接受数与边缘的不可接受数之间的界限。

三、CAC 蛋品添加剂及其他污染物限量要求

中国对蛋品的 8 种添加剂及污染物有限量规定，而 CAC 对蛋品的 14 种添加剂有限量规定。中国对蛋品铅、汞、镉 3 种重金属制定了限量标准，CAC 对蛋品铅、汞、砷、镉、铜 5 种重金属制定了限量标准。汞、镉限量相同（表 4-7）。

表 4-7　中国与 CAC 鸡蛋中重金属限量规定对比（毫克/千克）

项目	中国	CAC
与中国标准限量一致的项目	汞、镉	
规定存在差异的项目	铅（蛋及制品 0.2，皮蛋、皮蛋肠 0.5）	铅（蛋黄酱 0.3）
总共规定的重金属种类数量	3 种	5 种

四、CAC 包装与标识要求

包装与标识符合《预包装食品标识通用标准》（CODEX STAN 1—1985，Rev. 1991）、《食品添加剂自身销售标识通用标准》（CODEX STAN 107—1981）、《产品宣称通用导则》（CAC/GL 1—1979，Rev. 1991）、《营养标识导则》（CAC/GL 2—1985，Rev. 1993，Amended 2006）、《营养和健康宣称使用导则》（CAC/GL 23—1997，Rev. 1—2004）和《"清真"术语使用通用导则》（CAC/GL 24—1997）等相关要求。

第二节　主要贸易伙伴要求

一、主要贸易伙伴限量要求

1. 美国　美国公布蛋品中农兽药残留限量项目93项，其中潮霉素B、制霉菌素、青霉素均有规定不得检出。中国公布鸡蛋中农兽药残留限量项目106项，下列87种兽药在蛋鸡产蛋期禁用：二硝托胺预混剂、马杜米星铵预混剂、磷酸泰乐菌素预混剂、磺胺喹噁啉钠可溶性粉、磺胺喹噁啉钠溶液、复方磺胺喹噁啉溶液、复方磺胺喹噁啉钠可溶性粉、磺胺喹噁啉二甲氧苄啶预混剂、磺胺氯吡嗪钠可溶性粉、复方磺胺氯吡嗪钠预混剂、复方磺胺氯哒嗪钠粉、磺胺对甲氧嘧啶二甲氧苄啶预混剂、复方磺胺二甲嘧啶钠可溶性粉、复方磺胺间甲氧嘧啶可溶性粉、磺胺间甲氧嘧啶预混剂、复方磺胺间甲氧嘧啶钠可溶性粉、复方磺胺间甲氧嘧啶预混剂、盐酸氨丙啉磺胺喹噁啉钠可溶性粉、氯羟吡啶预混剂、硫酸黏菌素可溶性粉、硫酸黏菌素预混剂、硫酸新霉素可溶性粉、硫酸新霉素溶液、硫酸安普霉素可溶性粉、硫氰酸红霉素可溶性粉、替米考星溶液、酒石酸泰乐菌素可溶性粉、酒石酸泰乐菌素磺胺二甲嘧啶可溶性粉、酒石酸吉他霉素可溶性粉、恩诺沙星溶液、恩诺沙星片、恩诺沙星可溶性粉、盐霉素钠预混剂、盐酸氯苯胍预混剂、盐酸氨丙啉乙氧酰胺苯甲酯磺胺喹噁啉预混剂、盐酸氨丙啉乙氧酰胺苯甲酯预混剂、盐酸多西环素片、盐酸多西环素可溶性粉、盐酸大观霉素可溶性粉、氟苯尼考、氟苯尼考预混剂、氟苯尼考溶液、氟苯尼考注射液、氟苯尼考可溶性粉、阿莫西林可溶性粉、阿莫西林片、复方阿莫西林粉、氨苄西林可溶性粉、氨苄西林钠可溶性粉、复方氨苄西林粉、杆菌肽锌预混剂、地克珠利预混剂、地克珠利溶液、地克珠利颗粒、吉他霉素预混剂、吉他霉素片、马杜米星铵尼卡巴嗪预混剂、复方马度米星铵预混剂、三苯氯达唑片、三苯氯达唑颗粒、甲磺酸达氟沙星粉、甲磺酸达氟沙星溶液、甲磺酸培氟沙星可溶性粉、甲磺酸培氟沙星注射液、地美硝唑预混剂、那西肽预混剂、乳酸环丙沙星可溶性粉、乳酸诺氟沙星可溶性粉、金霉素预混剂、盐酸金霉素可溶性粉、洛克沙肿预混剂、盐酸沙拉沙星片、盐酸沙拉沙星可溶性粉、盐酸沙拉沙星注射液、盐酸沙拉沙星溶液、盐酸环丙沙星可溶性粉、盐酸环丙沙星注射液、氨苯砷酸预混剂、烟酸诺氟沙星可溶性粉、烟酸诺氟沙星溶液、酒石酸泰万菌素可溶性粉、酒石酸泰万菌素预混剂、海南霉素钠预混剂、越霉素 A 预混剂、硫酸庆大霉素可溶性粉、甲砜霉素可溶性粉、盐酸林可霉素可溶性粉。美国与中国关于农兽药残留的比较情况见表 4-8。

表 4-8　中国与美国鸡蛋中农兽药限量规定对比（毫克/千克）

项目	中国	美国
与中国标准限量一致的项目	13 项	
规定严于中国的项目（7 项）	红霉素（0.05）、泰乐菌素（0.3）、灭蝇胺（0.3*）、乐果（0.05*）、虫酰肼（0.02）、溴氰菊酯（0.03）、六氯苯、六六六（0.1）	红霉素（0.025）、泰乐菌素（0.2）、灭蝇胺（0.25）、乐果（0.02）、虫酰肼（0.01）、溴氰菊酯（0.02）、六氯苯、六六六（0.05）
规定宽于中国的项目（13 项）	灭草松（0.01*）、金霉素（0.2）、甲基毒死蜱（0.01）、氯氰菊酯（0.01）、滴滴涕：p,p′-DDT、o,p′-DDT、p,p′-DDD 和 p,p′-DDE 的总量（0.1）、敌敌畏和二溴磷（总量）（0.01*）、苯醚甲环唑（0.03）、s-氰戊菊酯（0.01）、氟虫腈（0.02）、草铵膦（0.05*）、林丹（0.1）、百草枯（0.005*）、螺虫乙酯（0.01）	灭草松（0.05）、金霉素（0.4）、甲基毒死蜱（0.1）、氯氰菊酯（0.05）、滴滴涕：p,p′-DDT、o,p′-DDT、p,p′-DDD 和 p,p′-DDE 的总量（0.5）、敌敌畏和二溴磷（总量）（0.05）、苯醚甲环唑（0.1）、s-氰戊菊酯（0.03）、氟虫腈（0.03）、草铵膦（0.15）、林丹（0.5）、百草枯（0.01）、螺虫乙酯（0.02）
有限量值规定的农兽药种类的数量	106 种	93 种
对方国家未做限量值规定的农兽药种类	73 种	60 种

注：* 表示临时限量。

中国公布鸡蛋中农兽药残留限量项目 106 项；美国公布鸡蛋中农兽药残留限量项目 93 项，其中与中国共同规定的项目有 33 项，有 13 项限量值高于中国，7 项限量值低于中国，13 项和中国限量一致。60 项是美国有限量要求而中国没有限量要求，73 项是中国有限量要求而美国没有限量要求（表 4-9）。

表 4-9 中国与美国蛋品残留限量比较（毫克/千克）

序号	农兽药		限量要求	
	中文名	英文名	中国	美国
1	啶虫脒	Acetamiprid	0.01	0.01
2	氨丙啉	Amprolium	4	4
3	杆菌肽	Bacitracin	0.5	0.5
4	啶酰菌胺	Boscalid	0.02	0.02
5	氯虫苯甲酰胺	Chlorantraniliprole	0.2*	0.2
6	毒死蜱	Chlorpyrifos	0.01	0.01
7	氟氯氰菊酯/β-氟氯氰菊酯	Cyfluthrin/beta-cyfluthrin	0.01*	0.01
8	敌草快	Diquat	0.05*	0.05
9	除虫脲	Diflubenzuron	0.05*	0.05
10	七氯	Heptachlor	0.05	0.05
11	吡虫啉	Imidacloprid	0.02*	0.02
12	氯菊酯	Permethrin	0.1	0.1
13	炔螨特	Propargite	0.1	0.1
14	灭蝇胺	Cyromazine	0.3*	0.25↓
15	溴氰菊酯	Deltamethrin	0.03	0.02↓
16	乐果	Dimethoate	0.05*	0.02↓
17	红霉素	Erythromycin	0.05	0.025↓
18	泰乐菌素	Tylosin	0.3	0.2↓
19	虫酰肼	Methoxyfenozide	0.02	0.01↓
20	六氯苯/六六六	HCB	0.1	0.05↓
21	灭草松	Bentazone	0.01*	0.05↑
22	金霉素	Chlortetracycline	0.2	0.4↑
23	甲基毒死蜱	Chlorpyrifos-methyl	0.01	0.1↑
24	氯氰菊酯	Cypermethrin	0.01	0.05↑
25	滴滴涕：p,p'-DDT、o,p'-DDT、p,p'-DDD 和 p,p'-DDE 的总量	DDT：Sum of p,p'-DDT, o,p'-DDT, p,p'-DDD and p,p'-DDE	0.1	0.5↑
26	敌敌畏和二溴磷（总量）	Dichlorvos and Naled (as total)	0.01*（敌敌畏）	0.05↑

（续）

序号	农兽药		限量要求	
	中文名	英文名	中国	美国
27	苯醚甲环唑	Difenoconazole	0.03	0.1↑
28	s-氰戊菊酯	Esfenvalerate	0.01	0.03↑
29	氟虫腈	Fipronil	0.02	0.03↑
30	草铵膦	Glufosinate – ammonium	0.05*	0.15↑
31	林丹	Lindane	0.1	0.5↑
32	百草枯	Paraquat	0.005*	0.01↑
33	螺虫乙酯	Spirotetramat	0.01	0.02↑
34	艾氏剂和狄氏剂	Aldrin & Dieldrin	—	0.03
35	乙酰甲胺磷	Acephate	—	0.1
36	联苯菊酯	Bifenthrin	—	0.05
37	草甘膦	Glyphosate	—	0.05
38	腈菌唑	Myclobutanil	—	0.02
39	甲萘威	Carbaryl	—	0.5
40	甲氰菊酯	Fenpropathrin	—	0.01
41	烯草酮	Clethodim	—	0.2
42	乙烯利	Ethephon	—	0.002
43	咯菌腈	Fludioxonil	—	0.05
44	双苯氟脲	Novaluron	—	1.5
45	增效醚	Piperonyl butoxide	—	1
46	肟菌酯	Trifloxystrobin	—	0.04
47	磺酰草吡唑	Pyrasulfotole	—	0.02
48	氟啶虫酰胺	Flonicamid	—	0.04
49	禾草丹	Thiobencarb	—	0.2
50	吡氟禾草灵	Fluazifop	—	0.05
51	氟啶草酮	Fluridone	—	0.05
52	甲草胺	Alachlor	—	0.02
53	溴苯腈	Bromoxynil	—	0.05
54	二氯吡啶酸	Clopyralid	—	0.1
55	丁喹酯	Buquinolate	—	0.2
56	萎锈灵	Carboxin	—	0.05
57	二氯喹啉酸	Quinclorac	—	0.05

（续）

序号	农兽药		限量要求	
	中文名	英文名	中国	美国
58	西玛津	Simazine	—	0.03
59	多杀霉素	Spinosad	—	0.3
60	烯禾啶	Sethoxydim	—	2
61	敌稗	Propanil	—	0.3
62	炔苯酰草胺	Propyzamide	—	0.02
63	三氯吡氧乙酸	Triclopyr	—	0.05
64	氟菌唑	Triflumizole	—	0.05
65	杀虫威	Tetrachlorvinphos	—	0.2
66	异菌脲	Iprodione	—	1.5
67	马拉硫磷	Malathion	—	0.1
68	乙氧氟草醚	Oxyfluorfen	—	0.03
69	氨氯吡啶酸	Picloram	—	0.05
70	唑啉草酯	Pinoxaden	—	0.06
71	嗪草酮	Metribuzin	—	0.01
72	甲霜灵和精甲霜灵（总量）	Metalaxyl and Mefenoxam (as total)	—	0.05
73	苯哒嗪钾	Clofencet	—	1
74	异丙甲草胺	Metolachlor	—	0.02
75	叶菌唑	Metconazole	—	0.04
76	多氯联苯	Polychlorinated biphenyls	—	0.3
77	喹禾灵	Quizalofop - ethyl	—	0.02
78	高效氟氯氰菊酯/异构体精高效氯氟氰菊酯	beta - cyfluthrin and an isomer gamma - cyhalothrin	—	0.01
79	氟醚唑	Tetraconazole	—	0.02
80	1,1-双（4氯苯基）-2,2,2-三氯	1,1 - Bis（4 - chlorophenyl）- 2,2,2 - trichloroethanol	—	0.05
81	伏草隆	Fluometuron	—	0.1
82	S-［2-（乙基亚磺酰基）乙基］-O,O-二甲基硫代磷酸酯	S-［2-（Ethylsulfinyl）ethyl］O,O-dimethyl phosphorothioate	—	0.01

（续）

序号	农兽药		限量要求	
	中文名	英文名	中国	美国
83	肌醇六（2-甲基-2-苯丙基）三丁基氧化锡	Hexakis（2 - methyl - 2 - phenylpropyl）distannoxane	—	0.1
84	氟嘧磺隆	Primisulfuron - methyl	—	0.1
85	乙基多杀菌素	Spinetoram	—	0.04
86	氟虫酰胺	Flubendiamide	—	0.4
87	菌多杀	Endothall	—	0.05
88	无机溴	Inorganic bromide	—	125
89	硫酰氟	Sulfuryl fluoride	—	蛋（干）1
90	氟化合物	Fluorine compounds	—	蛋（干）900
91	苯胺甲酸异丙酯	carbamic acid iso - propyl ester	—	0.5
92	吡喃草酮	Tepraloxydim	—	0.2
93	茚虫威	Indoxacarb	—	0.2
94	氟苯哒唑	Flubendazole	0.4	—
95	土霉素、金霉素、四环素（总量）	Oxytetracycline, Tetracycline and Chlortetracycline	0.4	
96	黏菌素	Colistin	0.3	—
97	大观霉素	Spectinomycin	2	—
98	新霉素	Neomycin	0.5	—
99	二嗪磷	Diazinon	0.02*	—
100	杀扑磷	Methidathion	0.02	—
101	2,4 -滴	2,4 - D	0.01 *	—
102	五氯硝基苯	Quintozene：PCNB	0.03	—
103	四螨嗪	Clofentezine	0.05*	—
104	氯丹	Chlordane	0.02	—
105	三唑醇	Triadimenol	0.01*	—
106	三唑酮	Triadimefon	0.01*	—
107	苯丁锡	Fenbutatin oxide（Vendex）	0.05	—
108	氟硅唑	Flusilazole	0.1	—
109	丙溴磷	Profenofos	0.02	—
110	丙环唑	Propiconazole	0.01	—

（续）

序号	农兽药		限量要求	
	中文名	英文名	中国	美国
111	甲基嘧啶磷	Pirimiphos‐methyl	0.01	—
112	嘧菌酯	Azoxystrobin	0.01*	—
113	联苯肼酯	Bifenazate	0.01*	—
114	联苯三唑醇	Bitertanol	0.01	—
115	多菌灵	Carbendazim	0.05	—
116	丁硫克百威	Carbosulfan	0.05	—
117	矮壮素	Chlormequat	0.1*	—
118	嘧菌环胺	Cyprodinil	0.01*	—
119	噻节因	Dimethipin	0.01	—
120	杀螟硫磷	Fenitrothion	0.05	—
121	硫丹	Endosulfan	0.03	—
122	噁唑菌酮	Famoxadone	0.01*	—
123	甲胺磷	Methamidophos	0.01	—
124	灭多威	Methomyl	0.02*	—
125	杀线威	Oxamyl	0.02*	—
126	甲拌磷	Phorate	0.05	—
127	咪鲜胺和咪鲜胺锰盐	Prochloraz and Prochloraz manganese salt	0.1	—
128	喹氧灵	Quinoxyfen	0.01	—
129	特丁硫磷	Terbufos	0.01*	—
130	噻菌灵	Thiabendazole	0.1	—
131	噻虫啉	Thiacloprid	0.02*	—
132	洛克沙肼	Roxarsone	0.5	—
133	林可霉素	Lincomycin	0.05	—
134	土霉素	Oxytetracycline	0.1	—
135	四环素	Tetracycline	0.2	—
136	哌嗪	Piperazine	2	—
137	硝基呋喃代谢物	Furazolidone	0.000 25	—
138	磺胺类药物	Sulfonamides	0.1	—
139	苯并烯氟菌唑	Benzoene fluconazole	0.01*	—
140	吡唑萘菌胺	Isopyrazam	0.01*	—

（续）

序号	农兽药		限量要求	
	中文名	英文名	中国	美国
141	氟吡菌胺	Furametpyr	0.01*	—
142	醚菊酯	Etofenprox	0.01*	—
143	噻虫胺	Clothianidin	0.01	—
144	2甲4氯（钠）	MCPA sodium	0.05*	—
145	吡噻菌胺	Penthiopyrad	0.03*	—
146	艾氏剂	Aldrin	0.1	—
147	氯氨吡啶酸	Aminopyralid	0.01*	—
148	咪唑菌酮	Fenamidone	0.01*	—
149	狄氏剂	Dieldrin	0.1	—
150	苯菌酮	Metrafenone	0.01*	—
151	苯线磷	Fenamiphos	0.01*	—
152	吡唑醚菌酯	Pyraclostrobin	0.05*	—
153	丁苯吗啉	Fenpropimorph	0.01	—
154	呋虫胺	Dinotefuran	0.02*	—
155	氟啶虫胺腈	Sulfoxaflor	0.1*	—
156	氟酰脲	Novaluron	0.1	—
157	麦草畏	Dicamba	0.01*	—
158	咪唑烟酸	Imazapyr acid	0.01*	—
159	噻草酮	Cycloxydim	0.15	—
160	噻虫嗪	Thiamethoxam	0.01	—
161	噻螨酮	Hexythiazox	0.05*	—
162	霜霉威和霜霉威盐酸盐	Propamocarb and Creamy saline hydrochloride	0.01	—
163	芬苯达唑	Fenbendazole	1.3	—
164	泰万菌素	Tylosin 3 - acetate 4B - （3 - methylbutanoate）（2R，3R）- 2，3 - dihydroxybutanedioate	0.2	—
165	泰妙菌素	Tiamulin	1	—

注：↑表示限量高于中国；↓表示限量低于中国。*表示临时限量。

资料来源：中国技术贸易措施网站（www.tbt - sps.gov.cn）及相关限量标准。

2. 欧盟 欧盟对蛋类产品规定了 114 种农兽药的残留限量。其中与中国同时有限量要求的项目有 43 项，严于中国的 12 项，特别是六氯苯和氯丹等，欧盟标准中对蛋类产品的限量规定相对严格于中国，最高允许残留量分别是中国的 1/5，比中国残留限量松的标准 14 项（表 4 - 10、表 4 - 11）。

表 4 - 10　中国与欧盟鸡蛋中农兽药限量规定对比（毫克/千克）

项目	中国	欧盟
与中国标准限量一致的项目	17 项	
规定严于中国的项目（12 项）	狄氏剂（0.1）、艾氏剂（0.1）、四螨嗪（0.05*）、氯丹（0.02）、矮壮素（0.1*）、灭蝇胺（0.3*）、滴滴涕（0.1）、七氯（0.05）、六氯苯（0.1）、氯菊酯（0.1）、五氯硝基苯（0.03）、泰乐霉素（0.3）	狄氏剂（0.02）、艾氏剂（0.02）、四螨嗪（0.02）、氯丹（0.005）、矮壮素（0.05）、灭蝇胺（0.2）、滴滴涕（0.05）、七氯（0.02）、六氯苯（0.02）、氯菊酯（0.05）、五氯硝基苯（0.01）、泰乐霉素（0.2）
规定宽于中国的项目（14 项）	土霉素（0.1）、嘧菌酯（0.01*）、灭草松（0.01*）、联苯三唑醇（0.01）、多菌灵（0.05）、氟氯氰菊酯（0.01*）、氯氰菊酯（0.01）、硫丹（0.03）、溴氰菊酯（0.03）、三唑酮（0.01*）、红霉素（0.05）、甲基嘧啶磷（0.01）、丙溴磷（0.02）、丙环唑（0.01）	土霉素（0.2）、嘧菌酯（0.05）、灭草松（0.05）、联苯三唑醇（0.05）、多菌灵（0.1）、氟氯氰菊酯（0.02）、氯氰菊酯（0.05）、硫丹（0.1）、溴氰菊酯（0.05）、三唑酮（0.1）、红霉素（0.15）、甲基嘧啶磷（0.05）、丙溴磷（0.05）、丙环唑（0.05）
有限量值规定的农兽药种类的数量	106 种	114 种
对方国家未做限量值规定的农兽药种类	63 种	71 种

注：＊表示临时限量。

表 4 - 11　中国与欧盟蛋品农兽药残留限量比较（毫克/千克）

序号	农兽药		限量要求	
	中文名	英文名	中国	欧盟
1	2,4-滴	2,4 - D	0.01*	0.01
2	丁硫克百威	Carbosulfan	0.05	0.05
3	毒死蜱	Chlorpyrifos	0.01	0.01

（续）

序号	农兽药		限量要求	
	中文名	英文名	中国	欧盟
4	甲基毒死蜱	Chlorpyrifos - methyl	0.01	0.01
5	苯丁锡	Fenbutatinoxide	0.05	0.05
6	林丹	Lindane	0.1	0.1
7	甲胺磷	Methamidophos	0.01	0.01
8	杀扑磷	Methidathion	0.02	0.02
9	灭多威	Methomyl	0.02*	0.02
10	甲拌磷	Phorate	0.05	0.05
11	咪鲜胺	Prochloraz	0.1	0.1
12	噻菌灵	Thiabendazole	0.1	0.1
13	黏菌素	Colistin	0.3	0.3
14	林可霉素	Lincomycin	0.05	0.05
15	新霉素（包括新霉素 B)	Neomycin（including framycetin）	0.5	0.5
16	丁苯吗啉	Fenpropimorph	0.01	0.01
17	氟苯达唑	Flubendazole	0.4	0.4
18	土霉素	Oxytetracycline	0.1	0.2↑
19	嘧菌酯	Azoxystrobin	0.01*	0.05↑
20	灭草松	Bentazone	0.01*	0.05↑
21	联苯三唑醇	Bitertanol	0.01	0.05↑
22	多菌灵	Carbendazim	0.05	0.1↑
23	氟氯氰菊酯	Cyfluthrin	0.01*（氟氯氰菊酯和高效氟氯氰菊酯）	0.02↑
24	氯氰菊酯	Cypermathrin	0.01（氯氰菊酯和高效氯氰菊酯）	0.05↑
25	硫丹	Endosulfan	0.03	0.1↑
26	溴氰菊酯	Deltamethrin	0.03	0.05↑
27	三唑酮	Triadimefon	0.01*	0.1↑
28	红霉素	Erythromycin	0.05	0.15↑
29	甲基嘧啶磷	Pirimiphos - methyl	0.01	0.05↑
30	丙溴磷	Profenofos	0.02	0.05↑

（续）

序号	农兽药		限量要求	
	中文名	英文名	中国	欧盟
31	丙环唑	Propiconazole	0.01	0.05 ↑
32	狄氏剂	Dieldrin	0.1	0.02 ↓
33	艾氏剂	Aldrin	0.1	0.02 ↓
34	四螨嗪	Clofentezine	0.05*	0.02 ↓
35	氯丹	Chlordane	0.02	0.005 ↓
36	矮壮素	Chlormenquat	0.1*	0.05 ↓
37	灭蝇胺	Cyromazine	0.3*	0.2 ↓
38	滴滴涕	DDT	0.1	0.05 ↓
39	七氯	Heptachlor	0.05	0.02 ↓
40	六氯苯	HCB	0.1	0.02 ↓
41	氯菊酯	Permethrin	0.1	0.05 ↓
42	五氯硝基苯	Quintozene	0.03	0.01 ↓
43	泰乐霉素	Tylosin	0.3	0.2 ↓
44	乙酰甲胺磷	Acephate	—	0.02
45	涕灭威	Aldicard	—	0.01
46	双甲脒	Amitraz	—	0.02
47	杀螨特	Aramaite	—	0.01
48	甲基谷硫磷	Azinphos - ethyl	—	0.05
49	燕麦灵	Berban	—	0.05
50	苯霜灵	Benalaxyl	—	0.05
51	丙硫克百威	Benfuracard	—	0.05
52	苯菌灵	Benomyl	—	0.1
53	联苯菊酯	Bifenthrin	—	0.01
54	溴螨酯	Bromopropylate	—	0.05
55	克百威	Carbofuran	—	0.1
56	氯杀螨	Chlorbenside	—	0.05
57	氯草灵	Chlorbufam	—	0.05
58	杀螨酯	Chlorfenson	—	0.05
59	乙酯杀螨醇	Chlorobenzilate	—	0.1
60	百菌清	Chlorothalonil	—	0.01
61	枯草隆	Chloroxuron	—	0.05

（续）

序号	农兽药		限量要求	
	中文名	英文名	中国	欧盟
62	三环锡	Cyhexatin	—	0.05
63	丁酰肼	Daminozide	—	0.05
64	燕麦敌	Di-allate	—	0.2
65	三氯杀螨醇	Dicofol	—	0.05
66	特乐酯	Dinoterb	—	0.05
67	乙拌磷	Disulfoton	—	0.02
68	二硝甲酚	DNOC	—	0.05
69	异狄氏剂	Endrin	—	0.005
70	乙烯利	Ethephon	—	0.05
71	氯苯嘧啶醇	Fenarimol	—	0.02
72	三苯锡类化合物	Fentin compounds	—	0.05
73	三苯锡	Fentin	—	0.05
74	三苯基醋酸锡	Fentinacetate	—	0.05
75	氰戊菊酯和 S-氰戊菊酯（RR/SS 异构体）	Fencalerate and esfenvalerate (Sum of RR/SS isomers)	—	0.02
76	氟氰戊菊酯	Flucythrinate	—	0.05
77	氟草烟异丙醇	Fluroxypyr 1-methylheptyl ester	—	0.05
78	呋线威	Furathiocarb	—	0.05
79	草甘膦	Glyphosate	—	0.1
80	烯菌灵	Imazalil	—	0.02
81	异菌脲	Iprodione	—	0.05
82	亚胺菌	Kresoxim-methyl	—	0.02
83	Lambda-氯氟氰菊酯	lambda-Cyhalothrin	—	0.02
84	代森锰锌	Mancozeb	—	0.05
85	代森锰	Maneb	—	0.05
86	甲霜灵	Metalaxyl	—	0.05
87	乙丁烯酰磷	Metharifos	—	0.01
88	甲氧滴滴涕	Methoxychlor	—	0.01
89	代森联	Metiram	—	0.05
90	绿谷隆	Monolinuron	—	0.05
91	腈菌唑	Myclobutanil	—	0.01

（续）

序号	农兽药		限量要求	
	中文名	英文名	中国	欧盟
92	砜吸磷	Oxydemeton - methyl	—	0.02
93	对硫磷	Parathion	—	0.05
94	戊菌唑	Penconazole	—	0.05
95	腐霉利	Procymidone	—	0.05
96	调环酸钙盐	Prohexadione - calcium	—	0.05
97	苯胺灵	Propham	—	0.05
98	甲基代森锌	Propineb	—	0.05
99	残杀威	Propoxur	—	0.05
100	炔苯酰草胺	Propyzamide	—	0.02
101	吡蚜酮	Pymetrozine	—	0.01
102	吡嘧磷	Pyrazophos	—	0.1
103	哒草特	Pyridate	—	0.05
104	苄呋菊酯	Resmethrin	—	0.1
105	葚孢菌素	Spiroxamine	—	0.05
106	四氯硝基苯	Tecnazene	—	0.05
107	硫敌克	Thiobicarb	—	0.02
108	甲基硫菌灵	Thiophanate - methyl	—	0.1
109	三唑磷	Triazophos	—	0.02
110	十二吗啉	Tridemorph	—	0.05
111	嗪氨灵	Triforine	—	0.05
112	代森锌	Zineb	—	0.05
113	乙烯菌合利	Vinclozolin	—	0.05
114	土霉素，金霉素，四环素（总量）	Oxytetracycline, Tetracycline and Chlortetracycline	0.4	—
115	大观霉素	Spectinomycin	2	—
116	泰万菌素	Tylosin 3 - acetate 4B - (3 - methylbutanoate) (2R, 3R) - 2, 3 - dihydroxybutanedioate	0.2	—
117	二嗪磷	Diazinon	0.02*	—
118	敌草快	Diquat	0.05*	—
119	除虫脲	Diflubenzuron	0.05*	—

（续）

序号	农兽药		限量要求	
	中文名	英文名	中国	欧盟
120	三唑醇	Triadimenol	0.01*	—
121	百草枯	Paraquat	0.005*	—
122	氟硅唑	Flusilazole	0.1	—
123	氯氨基吡啶酸	Aminopyralid	0.01*	—
124	联苯肼酯	Bifenazate	0.01*	—
125	嘧菌环胺	Cyprodinil	0.01*	—
126	噻节因	Dimethipin	0.01	—
127	乐果	Dimethoate	0.05*	—
128	杀螟硫磷	Fenitrothion	0.05	—
129	杀线威	Oxamyl	0.02*	—
130	喹氧灵	Quinoxyfen	0.01	—
131	虫酰肼	Tebufenozide	0.02	—
132	特丁硫磷	Terbufos	0.01*	—
133	噻虫啉	Thiacloprid	0.02*	—
134	氰戊菊酯和 S-氰戊菊酯	Fenvalerate and Esfenvalerate	0.01	—
135	噁唑菌酮	Famoxadone	0.01*	—
136	氟虫腈	Fipronil	0.02	—
137	草铵膦	Glufosinate – ammonium	0.05*	—
138	苯醚甲环唑	Difenoconazole	0.03	—
139	杆菌肽	Bacitracin	0.5	—
140	洛克沙胂	Roxarsone	0.5	—
141	四环素	Tetracycline	0.2	—
142	硝基呋喃代谢物	Furazolidone	0.000 25	—
143	磺胺类药物	Sulfonamides	0.1	—
144	苯并烯氟菌唑	Benzoene fluconazole	0.01*	—
145	吡虫啉	Imidacloprid	0.02*	—
146	吡唑萘菌胺	Isopyrazam	0.01*	—
147	氟吡菌胺	Furametpyr	0.01*	—
148	螺虫乙酯	Spirotetramat	0.01*	—
149	醚菊酯	Etofenprox	0.01*	—
150	噻虫胺	Clothianidin	0.01	—

（续）

序号	农兽药		限量要求	
	中文名	英文名	中国	欧盟
151	2甲4氯（钠）	MCPA sodium	0.05*	—
152	吡噻菌胺	Penthiopyrad	0.03*	—
153	敌敌畏	Dichlorvos	0.01*	—
154	啶虫脒	Acetamiprid	0.01	—
155	咪唑菌酮	Fenamidone	0.01*	—
156	炔螨特	Propargite	0.1	—
157	苯菌酮	Metrafenone	0.01*	—
158	苯线磷	Fenamiphos	0.01*	—
159	吡唑醚菌酯	Pyraclostrobin	0.05*	—
160	啶酰菌胺	Boscalid	0.02	—
161	多杀霉素	Spinosyn	0.01*	—
162	呋虫胺	Dinotefuran	0.02*	—
163	氟啶虫胺腈	Sulfoxaflor	0.1*	—
164	氟酰脲	Novaluron	0.1	—
165	氯虫苯甲酰胺	Chlorantraniliprole	0.2*	—
166	麦草畏	Dicamba	0.01*	—
167	咪唑烟酸	Imazapyr acid	0.01*	—
168	噻草酮	Cycloxydim	0.15	—
169	噻虫嗪	Thiamethoxam	0.01	—
170	噻螨酮	Hexythiazox	0.05*	—
171	霜霉威和霜霉威盐酸盐	Propamocarb and Creamy saline hydrochloride	0.01	—
172	芬苯达唑	Fenbendazole	1.3	—
173	金霉素	Chlortetracycline	0.2	—
174	氨丙磷	Amprolium	4	—
175	哌嗪	Piperazine	2	—
176	泰妙菌素	Tiamulin	1	—

注：↑表示限量高于中国；↓表示限量低于中国。*表示临时限量。

资料来源：中国技术贸易措施网站（www.tbt-sps.gov.cn）及相关限量标准。

EC 1441/2007 对蛋品中的微生物限量进行了规定，沙门氏菌不得检出，对肠杆菌科也进行了限量规定。EC No 1881/2006 对蛋品中的二噁英、多氯联苯 2 项污染物进行了限量规定，其限量分别是 3 微克/千克、6 微克/千克（表 4 - 12）。

表 4 - 12　欧盟蛋品微生物限量

微生物	分类	限量	采样方案	环节
沙门氏菌	含生蛋的即食食品，生产过程和产品成分可消除沙门氏菌风险的产品除外	25 克内不含有	$n=5$，$c=0$	市场上流通的保质期内的食品
肠杆菌科	蛋制品	$m=10CFU$/克（毫升） $M=100CFU$/克（毫升）	$n=5$，$c=2$	生产过程末端
沙门氏菌	蛋产品，生产过程和产品成分可消除沙门氏菌风险的产品除外	25 克（毫升）内不含有	$n=5$，$c=0$	市场上流通的保质期内的食品

注：n 指一批产品采样个数；c 指该批产品的检样菌数中，超过限量的检样数，即结果超过合格菌数限量的最大允许数；m 指合格菌数限量，将可接受与不可接受的数量区别开；M 指附加条件，判定为合格的菌数限量，表示边缘的可接受数与边缘的不可接受数之间的界限。

资料来源：EC 1441/2007 及相关数据。

3. 日本　日本对蛋类产品规定了 255 种农兽药的残留限量，日本与中国同时有限量要求的项目只有 87 项，其中，有 70 项的限量值相同，15 项限量值高于中国，2 项限量值低于中国，见表 4 - 13。日本标准中对蛋类产品的限量规定范围相对中国更为广泛。

表 4 - 13　中国与日本鸡蛋中农兽药限量规定对比（毫克/千克）

项目	中国	日本
与中国标准限量一致的项目	70 项	
规定严于中国的项目（2 项）	泰妙菌素（1）、林丹（0.2）	泰妙菌素（0.1）、林丹（0.01）
规定宽于中国的项目（15 项）	灭草松（0.01*）、多菌灵（0.05）、甲基毒死蜱（0.01）、噻虫胺（0.01）、氟氯氰菊酯和高效氟氯氰菊酯（0.01）、氯氰菊酯和高效氯氰菊酯（0.01）、敌敌畏（0.01*）、硫丹（0.03）、醚菊酯（0.01*）、六氯苯（0.1）、百草枯（0.005*）、丙环唑（0.01）、三唑酮（0.01*）、三唑醇（0.01*）、氨丙磷（4）	灭草松（0.05）、多菌灵-托布津-甲基托布津和苄霉灵（0.09）、甲基毒死蜱（0.05）、噻虫胺（0.02）、氟氯氰菊酯（0.05）、氯氰菊酯（0.05）、敌敌畏和二溴磷（0.05）、硫丹（0.08）、醚菊酯（0.4）、六氯苯（0.5）、百草枯（0.01）、丙环唑（0.04）、三唑酮（0.05）、三唑醇（0.05）、氨丙磷（5）

注：* 表示临时限量。

中国与日本公布鸡蛋中农兽药残留限量项目见表4-14。

表4-14 中国与日本鸡蛋中农兽药残留限量比较（毫克/千克）

序号	农兽药		限量要求	
	中文名	英文名	中国	日本
1	2,4-滴	2,4-D	0.01*	0.01
2	啶虫脒	Acetamiprid	0.01	0.01
3	嘧菌酯	Azoxystrobin	0.01*	0.01
4	杆菌肽	Bacitracin	0.5	0.5
5	苯并烯氟菌唑	Benzovindiflupyr	0.01*	0.01
6	联苯肼酯	Bifenazate	0.01*	0.01
7	联苯三唑醇	Bitertanol	0.01	0.01
8	啶酰菌胺	Boscalid	0.02	0.02
9	丁硫克百威	Carbosulfan	0.05	0.05
10	氯虫苯甲酰胺	Chlorantraniliprole	0.2*	0.2
11	氯丹	Chlordane	0.02	0.02
12	矮壮素	Chlormequat	0.1*	0.1
13	毒死蜱	Chlorpyrifos	0.01	0.01
14	四螨嗪	Clofentezine	0.05*	0.05
15	黏菌素	Colistin	0.3	0.3
16	嘧菌环胺	Cyprodinil	0.01*	0.01
17	灭蝇胺	Cyromazine	0.3*	0.3
18	滴滴涕	DDT	0.1	0.1
19	溴氰菊酯和四溴菊酯	Deltamethrin and Tralomethrin	0.03（仅溴氰菊酯）	0.03
20	麦草畏	Dicamba	0.01*	0.01
21	苯醚甲环唑	Difenoconazole	0.03	0.03
22	噻节因	Dimethipin	0.01	0.01
23	二嗪磷	Diazinon	0.02*	0.02
24	除虫脲	Diflubenzuron	0.05*	0.05
25	乐果	Dimethoate	0.05*	0.05
26	呋虫胺	Dinotefuran	0.02*	0.02
27	敌草快	Diquat	0.05*	0.05
28	红霉素	Erythromycin	0.05	0.05
29	噁唑菌酮	Famoxadone	0.01*	0.01
30	苯线磷	Fenamiphos	0.01*	0.01

（续）

序号	农兽药		限量要求	
	中文名	英文名	中国	日本
31	苯丁锡	Fenbutatin oxide	0.05	0.05
32	杀螟硫磷	Fenitrothion	0.05	0.05
33	丁苯吗啉	Fenpropimorph	0.01	0.01
34	氟虫腈	Fipronil	0.02	0.02
35	氟苯达唑	Flubendazole	0.4	0.4
36	氟硅唑	Flusilazole	0.1	0.1
37	草铵膦	Glufosinate	0.05*	0.05
38	七氯	Heptachlor	0.05	0.05
39	噻螨酮	Hexythiazox	0.05*	0.05
40	吡虫啉	Imidacloprid	0.02*	0.02
41	吡唑萘菌胺	Isopyrazam	0.01*	0.01
42	2甲4氯（钠）	MCPA	0.05*	0.05
43	甲胺磷	Methamidophos	0.01	0.01
44	杀扑磷	Methidathion	0.02	0.02
45	苯菌酮	Metrafenone	0.01*	0.01
46	硫酸新霉素	Neomycin	0.5	0.5
47	氟酰脲/双苯氟脲	Novaluron	0.1	0.1
48	杀线威	Oxamyl	0.02*	0.02
49	土霉素、金霉素、四环素（总量）	Oxytetracycline, Tetracycline and Chlortetracycline	0.4	0.4
50	吡噻菌胺	Penthiopyrad	0.03*	0.03
51	氯菊酯	Permethrin	0.1	0.1
52	甲拌磷	Phorate	0.05	0.05
53	甲基嘧啶磷	Pirimiphos - methyl	0.01	0.01
54	咪鲜胺	Prochloraz	0.1	0.1
55	丙溴磷	Profenofos	0.02	0.02
56	霜霉威	Propamocarb	0.01（霜霉威和霜霉威盐酸盐）	0.01
57	炔螨特	Propargite	0.1	0.1
58	吡唑醚菌酯	Pyraclostrobin	0.05*	0.05
59	喹氧灵	Quinoxyfen	0.01	0.01

（续）

序号	农兽药		限量要求	
	中文名	英文名	中国	日本
60	五氯硝基苯	Quintozene	0.03	0.03
61	洛克沙胂	Roxarsone	0.5	0.5
62	大观霉素	Spectinomycin	2	2
63	氟啶虫胺腈	Sulfoxaflor	0.1*	0.1
64	虫酰肼	Tebufenozide	0.02	0.02
65	特丁硫磷	Terbufos	0.01	0.01
66	噻菌灵/噻苯唑	Thiabendazole	0.1	0.1
67	噻虫嗪	Thiamethoxam	0.01	0.01
68	硫双灭多威和灭多威	Thiodicarb and Methomyl	0.02*（仅灭多威）	0.02
69	泰乐菌素	Tylosin	0.3	0.3
70	氰戊菊酯	Fenvalerate	0.01（氰戊菊酯和 S-氰戊菊酯）	0.01
71	灭草松	Bentazone	0.01*	0.05 ↑
72	多菌灵、硫菌灵、甲基硫菌灵和苄霉灵	Carbendazim, Thiophanate, Thiophanate - methyl and Benomyl	0.05（仅多菌灵）	0.09 ↑
73	甲基毒死蜱	Chlorpyrifos - methyl	0.01	0.05 ↑
74	噻虫胺	Clothianidin	0.01	0.02 ↑
75	氟氯氰菊酯	Cyfluthrin	0.01*（氟氯氰菊酯和高效氟氯氰菊酯）	0.05 ↑
76	氯氰菊酯	Cypermethrin	0.01（氯氰菊酯和高效氯氰菊酯）	0.05 ↑
77	敌敌畏和二溴磷	Dichlorvos and Naled	0.01*（仅敌敌畏）	0.05 ↑
78	硫丹	Endosulfan	0.03	0.08 ↑
79	醚菊酯	Etofenprox	0.01*	0.4 ↑
80	六氯苯	Hexachlorobenzene	0.1	0.5 ↑
81	百草枯	Paraquat	0.005*	0.01 ↑
82	丙环唑	Propiconazole	0.01	0.04 ↑
83	三唑酮	Triadimefon	0.01*	0.05 ↑
84	三唑醇	Triadimenol	0.01*	0.05 ↑
85	氨丙磷	Amprolium	4	5 ↑

（续）

序号	农兽药		限量要求	
	中文名	英文名	中国	日本
86	泰妙菌素	Tiamulin	1	0.2↓
87	林丹	Lindane	0.1	0.01↓
88	乙酰甲胺磷	Acephate		0.01
89	艾氏剂和狄氏剂	Aldrin and Dieldrin	—	0.1
90	2,4 - 二氯苯氧丁酸	2,4 - DB	—	0.05
91	苯并噻二唑	Acibenzolars - methyl	—	0.02
92	甲草胺	Alachlor	—	0.02
93	丙烯菊酯	Allethrin	—	0.05
94	唑嘧菌胺	Ametoctradin	—	0.03
95	阿莫西林	Amoxicyllin	—	0.01
96	氨苄西林	Ampicillin	—	0.01
97	莠去津	Atrazine	—	0.02
98	苯霜灵	Benalaxyl	—	0.05
99	噁虫威	Bendiocarb	—	0.05
100	丙硫克百威	Benfuracarb	—	0.05
101	倍他米松	Betamethasone	—	0.000 3
102	联苯菊酯	Bifenthrin	—	0.01
103	苄呋菊酯/除虫菊酯	Bioresmethrin	—	0.05
104	溴鼠灵	Brodifacoum	—	0.001
105	溴酸钠	Bromide	—	50
106	溴螨酯	Bromopropylate	—	0.08
107	溴苯腈	Bromoxynil	—	0.04
108	氟丙嘧草酯	Butafenacil	—	0.01
109	丁基羟基茴香醚	Butylhydroxyanisol	—	0.06
110	斑蝥黄素	Canthaxanthin	—	25
111	甲萘威	Carbaryl	—	0.5
112	呋喃丹	Carbofuran	—	0.08
113	氟酮唑草	Carfentrazone - ethyl	—	0.05
114	虫螨腈	Chlorfenapyr	—	0.01
115	氟啶脲	Chlorfluazuron	—	0.02
116	醋酸氯地孕酮	Chlormadinone	—	0.002

（续）

序号	农兽药		限量要求	
	中文名	英文名	中国	日本
117	百菌清	Chlorothalonil	—	0.01
118	氯酞酸甲酯	Chlorthal – dimethyl	—	0.05
119	烯草酮	Clethodim	—	0.05
120	炔草酯	Clodinafop – propargyl	—	0.05
121	二氯吡啶酸	Clopyralid	—	0.08
122	解毒喹	Cloquintocet – mexyl	—	0.1
123	氯司替勃	Clostebol	—	0.000 5
124	氯氟氰菊酯	Cyhalothrin	—	0.02
125	环唑醇	Cyproconazole	—	0.01
126	丁醚脲	Diafenthiuron	—	0.02
127	二丁基羟基甲苯	Dibutylhydroxytoluene	—	0.02
128	丁二酸二丁酯	Dibutyl succinate	—	0.1
129	禾草灵	Diclofop – methyl	—	0.05
130	三氯杀螨醇	Dicofol	—	0.05
131	双十烷基二甲基氯化铵	Didecyldimethylammonium chloride	—	0.05
132	二甲吩草胺	Dimethenamid	—	0.01
133	烯酰吗啉	Dimethomorph	—	0.01
134	二苯胺	Diphenylamine	—	0.05
135	吡啶酸双丙酯	Dipropyl Isocinchomeronate	—	0.004
136	乙拌磷	Disulfoton	—	0.02
137	二氰蒽醌	Dithiocarbamates	—	0.05
138	甲氨基阿维菌素苯甲酸盐	Emamectin benzoate	—	0.000 5
139	异狄氏剂	Endrin	—	0.005
140	氟环唑	Epoxiconazole	—	0.01
141	扑草灭	EPTC	—	0.01
142	胺苯磺隆	Ethametsulfuron – methyl	—	0.02
143	乙烯利	Ethephon	—	0.2
144	乙氧基喹啉	Ethoxyquin	—	1
145	二氯化乙烯	Ethylene dichloride	—	0.1
146	乙螨唑	Etoxazole	—	0.2
147	氯唑灵/二甲基苯基丙烯酯	Etridiazole	—	0.05

（续）

序号	农兽药		限量要求	
	中文名	英文名	中国	日本
148	氯苯嘧啶醇	Fenarimol	—	0.02
149	腈苯唑	Fenbuconazole	—	0.01
150	仲丁威	Fenobucarb	—	0.02
151	噁唑禾草灵	Fenoxaprop ethyl	—	0.02
152	甲氰菊酯	Fenpropathrin	—	0.01
153	三苯基氢氧化锡	Fentin	—	0.05
154	黄霉素	Flavophospholipol	—	0.05
155	氟啶虫酰胺	Flonicamid	—	0.04
156	吡氟禾草隆	Fluazifop - butyl	—	0.04
157	氟氰戊菊酯	Flucythrinate	—	0.05
158	咯菌酯	Fludioxonil	—	0.01
159	联氟砜	Fluensulfone	—	0.01
160	氟氯苯菊酯	Flumethrin	—	0.03
161	氟烯草酸	Flumiclorac - pentyl	—	0.01
162	氟啶酰菌胺	Fluopicolide	—	0.01
163	氟吡菌酰胺	Fluopyram	—	1
164	氟吡呋喃酮	Flupyradifurone	—	0.01
165	［N（E）］-N-［1-［（6-氯-3-吡啶基）甲基］-2（1H）-吡啶亚基］-2，2，2-三氟乙酰胺	Flupyrimin	—	0.04
166	氟喹唑	Fluquinconazole	—	0.02
167	氯氟吡氧乙酸	Fluroxypyr	—	0.03
168	氟担菌宁	Flutolanil	—	0.05
169	粉唑醇	Flutriafol	—	0.05
170	氟苯吡菌胺	Fluxapyroxad	—	0.02
171	咪唑双酰胺/4，5-二甲酰胺咪唑	Glycalpyramide	—	0.03
172	草甘膦	Glyphosate	—	0.05
173	吡氟氯禾灵	Haloxyfop	—	0.01
174	膦	Hydrogen phosphide	—	0.01

（续）

序号	农兽药		限量要求	
	中文名	英文名	中国	日本
175	烯菌灵	Imazalil	—	0.02
176	铵基咪草啶酸	Imazamox - ammonium	—	0.01
177	甲基咪草烟	Imazapic	—	0.01
178	灭草烟	Imazapyr	—	0.01
179	咪草烟铵盐	Imazethapyr ammonium	—	0.1
180	茚虫威	Indoxacarb	—	0.01
181	碘甲磺隆	Iodosulfuron methyl	—	0.01
182	异菌脲	Iprodione	—	0.8
183	1，3，5-三缩水甘油-S-三嗪三酮	Isocyanurate	—	0.8
184	异柳磷	Isofenphos	—	0.02
185	异噁唑草酮	Isoxaflutole	—	0.01
186	卡那霉素碱	Kanamycin	—	0.2
187	那塞罗	Lasalocid	—	0.2
188	利谷隆	Linuron	—	0.05
189	虱螨脲	Lufenuron	—	0.3
190	2-甲基-4-氯苯氧基丁酸	MCPB	—	0.05
191	2-甲基-4-氯戊氧基丙酸	Mecoprop	—	0.05
192	缩节胺	Mepiquat chloride	—	0.05
193	甲磺胺磺隆	Mesosulfuron - methyl	—	0.01
194	甲霜灵和精甲霜灵	Metalaxyl and Mefenoxam	—	0.05
195	烯虫酯	Methoprene	—	0.05
196	甲氧滴滴涕/甲氧氯	Methoxychlor	—	0.01
197	甲氧虫酰肼	Methoxyfenozide	—	0.01
198	嗪草酮	Metribuzin	—	0.03
199	腈菌唑	Myclobutanil	—	0.01
200	萘夫西林钠	Nafcillin	—	0.005
201	诺孕美特	Norgestomet	—	0.000 1
202	氧乐果	Omethoate	—	0.05
203	亚砜磷	Oxydemeton - methyl	—	0.02
204	乙氧氟草醚	Oxyfluorfen	—	0.03

（续）

序号	农兽药		限量要求	
	中文名	英文名	中国	日本
205	对硫磷	Parathion	—	0.05
206	甲基对硫磷	Parathion‑methyl	—	0.05
207	戊菌唑	Penconazole	—	0.05
208	4‑氨基‑3，5，6‑三氯吡啶羧酸	Picloram	—	0.05
209	杀鼠酮	Pindone	—	0.001
210	唑啉草酯	Pinoxaden	—	0.06
211	增效醚	Piperonyl butoxide	—	1
212	抗蚜威	Pirimicarb	—	0.05
213	敌稗	Propanil	—	0.08
214	残杀威	Propoxur	—	0.05
215	氟磺隆	Prosulfuron	—	0.05
216	磺酰草吡唑	Pyrasulfotole	—	0.02
217	除虫菊酯	Pyrethrins	—	0.1
218	哒草特	Pyridate	—	0.2
219	二氯喹啉酸	Quinclorac	—	0.05
220	喹禾灵和糖草酯	Quizalofop‑ethyl and Quizalofop‑p‑tefuryl	—	0.02
221	苄呋菊酯	Resmethrin	—	0.1
222	盐霉素	Salinomycin	—	0.02
223	氟唑环菌胺	Sedaxane	—	0.01
224	烯禾啶	Sethoxydim	—	1
225	硅白灵/硅醚菊酯	Silafluofen	—	1
226	西玛津	Simazine	—	0.02
227	乙基多杀菌素	Spinetoram	—	0.01
228	多杀菌素	Spinosad	—	0.5
229	磺胺嘧啶	Sulfadiazine	—	0.02
230	磺胺二甲氧嗪	Sulfadimethoxine	—	1
231	磺胺二甲嘧啶	Sulfadimidine	—	0.01
232	磺胺喹噁啉	Sulfaquinoxaline	—	0.01
233	磺酰磺隆	Sulfosulfuron	—	0.005

（续）

序号	农兽药		限量要求	
	中文名	英文名	中国	日本
234	戊唑醇	Tebuconazole	—	0.05
235	四氯硝基苯	Tecnazene	—	0.05
236	氟苯脲	Teflubenzuron	—	0.01
237	七氟菊酯	Tefluthrin	—	0.001
238	吡喃草酮	Tepraloxydim	—	0.1
239	氟醚唑	Tetraconazole	—	0.02
240	禾草丹	Thiobencarb	—	0.03
241	醚苯磺隆	Triasulfuron	—	0.05
242	敌百虫	Trichlorfon	—	0.004
243	绿草定	Triclopyr	—	0.05
244	十三吗啉	Tridemorph	—	0.05
245	肟菌酯	Trifloxystrobin	—	0.04
246	氟菌唑	Triflumizole	—	0.02
247	杀铃脲	Triflumuron	—	0.01
248	甲氧苄啶	Trimethoprim	—	0.02
249	灭菌唑	Triticonazole	—	0.05
250	乙烯菌核利	Vinclozolin	—	0.05
251	维吉尼霉素	Virginiamycin	—	0.1
252	华法林	Warfarin	—	0.001
253	玉米赤霉醇/折仑诺/赤霉烯醇	Zeranol	—	0.002
254	甲基环氧乙烷与环氧乙烷和单〔双（1-甲基丙基）苯基〕醚的聚合物	Mono，bis（trimethylammoniummethylene chloride）-alkyltoluene	—	1
255	联苯吡菌胺	Bixafen	—	0.02
256	氯氨吡啶酸	Aminopyralid	0.01*	—
257	噻虫啉	Thiacloprid	0.02*	—
258	金霉素	Chlortetracycline	0.2	—
259	土霉素	Oxytetracycline	0.1	—
260	四环素	Tetracycline	0.2	—
261	哌嗪	Piperazine	2	—

（续）

序号	农兽药		限量要求	
	中文名	英文名	中国	日本
262	硝基呋喃代谢物	Furazolidone	0.000 25	—
263	磺胺类药物	Sulfonamides	0.1	—
264	氟吡菌胺	Furametpyr	0.01*	—
265	螺虫乙酯	Spirotetramat	0.01*	—
266	咪唑菌酮	Fenamidone	0.01*	—
267	咪唑烟酸	Imazapyr acid	0.01*	—
268	噻草酮	Cycloxydim	0.15	—
269	林可霉素	Lincomycin	0.05	—
270	泰万菌素	Tylosin 3 - acetate 4B - (3 - methylbutanoate) (2R, 3R) - 2, 3 - dihydroxybuta nedioate	0.2	—
271	艾氏剂	Aldrin	0.1	—
272	狄氏剂	Dieldrin	0.1	—
273	芬苯达唑	Fenbendazole	1.3	—

注：↑表示限量高于中国；↓表示限量低于中国。＊表示临时限量。

资料来源：日本厚生省网及相关限量标准。

日本规定灭菌液态蛋中沙门氏菌不得检出，非灭菌液态蛋细菌数小于 1 000 000 个/克（表 4 - 15）。

表 4 - 15 日本蛋品微生物限量

项目	限量值	种类
沙门氏菌	灭菌液态蛋：未检出/25 克	灭菌液态蛋
细菌计数	非灭菌液态蛋：＜1 000 000 个/克	非灭菌液态蛋

4. 韩国 韩国对蛋类产品规定了 58 种农兽药的残留限量，与中国同时有限量要求的项目只有 38 项，其中有 28 项的限量值相同（表 4 - 16）。

表 4 - 16 中国与韩国鸡蛋中农兽药限量规定对比（毫克/千克）

项目	中国	韩国
与中国标准限量一致的项目	28 项	
规定严于中国的项目（1 项）	泰乐菌素（0.3）	泰乐菌素（0.2）

（续）

项目	中国	韩国
规定宽于中国的项目（9项）	甲基嘧啶磷（0.01）、多菌灵（0.05）、甲基毒死蜱（0.01）、氟苯达唑（0.1）、百草枯（0.005*）、丙环唑（0.01）、三唑酮（0.01*）、三唑醇（0.01*）、氯氰菊酯和高效氯氰菊酯（0.01）	甲基嘧啶磷（0.05）、多菌灵（0.1）、甲基毒死蜱（0.05）、氟苯达唑（0.4）、百草枯（0.01）、丙环唑（0.05）、三唑酮（0.05）、三唑醇（0.05）、氯氰菊酯（0.05）
有限量值规定的农兽药种类的数量	106 种	58 种
对方国家未做限量值规定的农兽药种类	68 种	20 种

中国公布鸡蛋中农兽药残留限量项目 106 项；韩国公布鸡蛋中农兽药残留限量项目 58 项，其中与中国共同规定的项目只有 38 项，有 9 项（甲基嘧啶磷、多菌灵、甲基毒死蜱、氟苯达唑、百草枯、丙环唑、三唑酮、三唑醇、氯氰菊酯）严于韩国，1 项宽于韩国。详见表 4-17。

表 4-17　中国与韩国鸡蛋中农兽药残留限量比较（毫克/千克）

序号	农兽药		限量要求	
	中文名	英文名	中国	韩国
1	2,4-滴	2,4-D	0.01*	0.01
2	杆菌肽	Bacitracin	0.5	0.5
3	氯丹	Chlordane	0.02	0.02
4	黏菌素	Colistin	0.3	0.3
5	毒死蜱	Chlorpyrifos	0.01	0.01
6	四螨嗪	Clofentezine	0.05*	0.05
7	灭蝇胺	Cyromazine	0.3*	0.2
8	滴滴涕	DDT	0.1	0.1
9	溴氰菊酯	Deltamethrin	0.03	0.03
10	二嗪磷	Diazinon	0.02*	0.02
11	噻节因	Dimethipin	0.01	0.01
12	除虫脲	Diflubenzuron	0.05*	0.05
13	乐果	Ddimethoate	0.05*	0.05
14	敌草快	Diquat	0.05*	0.05
15	红霉素	Erythromycin	0.05	0.05

（续）

序号	农兽药		限量要求	
	中文名	英文名	中国	韩国
16	苯丁锡	Fenbutatin oxide	0.05	0.05
17	氟硅唑	Flusilazole	0.1	0.1
18	七氯	Heptachlor	0.05	0.05
19	林可霉素	Lincomycin	0.05	0.05
20	杀扑磷	Methidathion	0.02	0.02
21	新霉素	Neomycin	0.5	0.5
22	土霉素、金霉素、四环素（总量）	Oxytetracycline, Tetracycline and Chlortetracycline	0.4	0.4
23	氯菊酯	Permethrin	0.1	0.1
24	丙溴磷	Profenofos	0.02	0.02
25	炔螨特	Propargite	0.1	0.1
26	五氯硝基苯	Quintozene；PCNB	0.03	0.03
27	大观霉素	Spectinomycin	2	2
28	林丹	Lindane	0.1	0.1
29	甲基嘧啶磷	Pirimiphos - methyl	0.01	0.05 ↑
30	多菌灵	Carbendazim	0.05	0.1 ↑
31	甲基毒死蜱	Chlorpyrifos - methyl	0.01	0.05 ↑
32	氟苯达唑	Flubendazole	0.1	0.4 ↑
33	百草枯	Paraquat	0.005 *	0.01 ↑
34	丙环唑	Propiconazole	0.01	0.05 ↑
35	三唑酮	Triadimefon	0.01 *	0.05 ↑
36	三唑醇	Triadimenol	0.01 *	0.05 ↑
37	氯氰菊酯	Cypermethrin	0.01（氯氰菊酯和高效氯氰菊酯）	0.05 ↑
38	泰乐菌素	Tylosin	0.3	0.2 ↓
39	乙酰甲胺磷	Acephate	—	0.1
40	硫黏菌素	Timulin	—	1
41	拉沙里菌素	Lasalocid		0.05
42	班贝霉素/黄霉素/黄磷脂霉素	Bambermycin/Flavomycin/Flavophos pholipol	—	0.02

（续）

序号	农兽药		限量要求	
	中文名	英文名	中国	韩国
43	苄青霉素/普鲁卡因青霉素	Benzylpenicillin/Procaine benzylpenicillin	—	0.004
44	维吉霉素	Virginiamycin	—	0.1
45	盐霉素	Salinomycin	—	0.02
46	草甘膦	Glyphosate	—	0.1
47	乙拌磷	Disulfoton	—	0.02
48	腈菌唑	Myclobutanil	—	0.1
49	烯虫酯	Methoprene	—	0.05
50	噁虫威	Bendiocarb	—	0.05
51	联苯菊酯	Bifenthrin	—	0.01
52	乙烯菌核利	Vinclozolin	—	0.05
53	甲萘威	Carbaryl；NAC	—	0.5
54	腈苯唑	Fenbuconazole	—	0.05
55	戊菌唑	Penconazole	—	0.05
56	甲氰菊酯	Fenpropathrin	—	0.01
57	抗蚜威	Pirimicarb	—	0.05
58	艾氏剂和狄氏剂	Aldrin and Dieldrin	—	0.1
59	啶虫脒	Acetamiprid	0.01	—
60	嘧菌酯	Azoxystrobin	0.01*	—
61	苯并烯氟菌唑	Benzovindiflupyr	0.01*	—
62	联苯肼酯	Bifenazate	0.01*	—
63	联苯三唑醇	Bitertanol	0.01	—
64	啶酰菌胺	Boscalid	0.02	—
65	丁硫克百威	Carbosulfan	0.05	—
66	氯虫苯甲酰胺	Chlorantraniliprole	0.2*	—
67	矮壮素	Chlormequat	0.1*	—
68	嘧菌环胺	Cyprodinil	0.01*	—
69	麦草畏	Dicamba	0.01*	—
70	苯醚甲环唑	Difenoconazole	0.03	—
71	呋虫胺	Dinotefuran	0.02*	—
72	噁唑菌酮	Famoxadone	0.01*	—

（续）

序号	农兽药		限量要求	
	中文名	英文名	中国	韩国
73	苯线磷	Fenamiphos	0.01*	—
74	杀螟硫磷	Fenitrothion	0.05	—
75	丁苯吗啉	Fenpropimorph	0.01	—
76	氟虫腈	Fipronil	0.02	—
77	草铵膦	Glufosinate	0.05*	—
78	噻螨酮	Hexythiazox	0.05*	—
79	吡虫啉	Imidacloprid	0.02*	—
80	吡唑萘菌胺	Isopyrazam	0.01*	—
81	甲胺磷	Methamidophos	0.01	—
82	苯菌酮	Metrafenone	0.01*	—
83	杀线威	Oxamyl	0.02*	—
84	吡噻菌胺	Penthiopyrad	0.03*	—
85	甲拌磷	Phorate	0.05	—
86	咪酰胺	Prochloraz	0.1	—
87	霜霉威和霜霉威盐酸盐	Propamocarb	0.01	—
88	吡唑醚菌酯	Pyraclostrobin	0.05*	—
89	喹氧灵	Quinoxyfen	0.01	—
90	洛克沙肿	Roxarsone	0.5	—
91	氟啶虫胺腈	Sulfoxaflor	0.1*	—
92	虫酰肼	Tebufenozide	0.02	—
93	特丁硫磷	Terbufos	0.01	—
94	噻菌灵	Thiabendazole	0.1	—
95	噻虫嗪	Thiamethoxam	0.01	—
96	灭多威	Methomyl	0.02*	—
97	氰戊菊酯和S-氰戊菊酯	Fenvalerate	0.01	—
98	灭草松	Bentazone	0.01*	—
99	噻虫胺	Clothianidin	0.01	—
100	氟氯氰菊酯和高效氟氯氰菊酯	Cyfluthrin	0.01*	—
101	敌敌畏	Dichlorvos	0.01*	—
102	硫丹	Endosulfan	0.03	—

（续）

序号	农兽药		限量要求	
	中文名	英文名	中国	韩国
103	醚菊酯	Etofenprox	0.01*	—
104	六氯苯	Hexachlorobenzene	0.1	—
105	氨丙磷	Amprolium	4	—
106	泰妙菌素	Tiamulin	1	—
107	氯氨吡啶酸	Aminopyralid	0.01*	—
108	噻虫啉	Thiacloprid	0.02*	—
109	金霉素	Chlortetracycline	0.2	—
110	土霉素	Oxytetracycline	0.1	—
111	四环素	Tetracycline	0.2	—
112	哌嗪	Piperazine	2	—
113	硝基呋喃代谢物	Furazolidone	0.000 25	—
114	磺胺类药物	Sulfonamides	0.1	—
115	氟吡菌胺	Furametpyr	0.01*	—
116	螺虫乙酯	Spirotetramat	0.01*	—
117	2甲4氯（钠）	MCPA sodium	0.05*	—
118	咪唑菌酮	Fenamidone	0.01*	—
119	多杀霉素	Spinosyn	0.01*	—
120	咪唑烟酸	Imazapyr acid	0.01*	—
121	噻草酮	Cycloxydim	0.15	—
122	泰万菌素	Tylosin 3 - acetate 4B - （3 - methylbutanoate）（2R，3R）- 2，3 - dihydroxybutanedioate	0.2	—
123	氟酰脲	Novaluron	0.1	—
124	艾氏剂	Aldrin	0.1	—
125	狄氏剂	Dieldrin	0.1	—
126	芬苯达唑	Fenbendazole	1.3	—

注：↑表示限量高于中国；↓表示限量低于中国。＊表示临时限量。

资料来源：韩国食品公典及相关数据。

　　韩国规定蛋制品中的大肠菌群不得检出；巴氏灭菌蛋类产品中的大肠菌群＜10个/克，细菌数＜1×10⁴个/克，沙门氏菌不得检出。灭菌的蛋类产品及蛋黄酱中的大肠菌群不得检出；加工的蛋类产品中的大肠杆菌 O157：H7 不得检出（表4-18）。

表4-18　韩国蛋品微生物限量

项目	种类	限量值	适用范围
大肠菌群	加工的肉类和蛋类产品	≤10个/克	限于巴氏杀菌的产品
大肠菌群	加工的肉类和蛋类产品	阴性	加工肉制品
细菌数	加工的肉类和蛋类产品	阴性	限于灭菌产品
细菌数	加工的肉类和蛋类产品	10 000个/克	限于巴氏杀菌的产品
沙门氏菌	加工的肉类和蛋类产品	阴性	限于巴氏杀菌的产品
大肠杆菌O157：H7	加工的肉类和蛋类产品	阴性	限于切碎原料产品
大肠菌群	蛋黄酱	阴性	—

资料来源：韩国食品公典及相关数据。

二、主要贸易伙伴相关法律法规要求

1. 美国　美国对蛋制品的管理法律依据主要是《蛋制品法》，对蛋鸡的饲养环境、饲料喂养、鸡蛋的生产、储藏和运输等各个环节都进行了一系列的规范要求，并且对这些规范要求的具体实施进行了详细的指导说明。

美国对蛋和蛋制品分得很细，很具体。带壳的蛋由食品药品监督管理局（FDA）负责，而去掉蛋壳以后，则由美国食品安全检验中心（FSIS）负责。FSIS规定国产的和进口的蛋类产品必须符合联邦法规第9篇（Code of Federal Regulation，Title9，简写9CFR）中蛋类检验法（EPIA）的法定要求。FSIS对检出问题的产品，规定在45日内退回或销毁。经FSIS检验合格的产品，加贴美国农业部检验标志后，可在美国国内流通。

2009年，FDA发布了鸡蛋安全生产法规，要求蛋品生产商在鸡蛋生产过程中采取适当的病害预防措施，在储藏运输过程中采取适当的冷藏措施等。其中《预防鸡蛋在生产、储藏与运输过程中感染沙门氏菌的行业指南》，列出了一系列鸡舍环境取样检测计划对沙门氏菌防控措施、沙门氏菌的环境检验、沙门氏菌污染物的取样方法以及沙门氏菌防控计划的数据记录进行要求等。

《壳蛋生产、运输和储存期间阻止肠炎沙门氏菌感染》法规明确要求壳蛋生产者制定并采取相应措施，防止养鸡场中肠炎沙门氏菌对鸡蛋的污染，并预防鸡蛋储藏和运输过程中肠炎沙门氏菌的滋生。该法规还要求鸡蛋生产者保留监测记录并在FDA登记，供FDA随时进行检查。

2. 欧盟　欧盟食品法规的主要框架包括"一个路线图，七部法规"。"一个路线图"指《食品安全白皮书》；"七部法规"是指在《食品安全白皮书》公布后制定的有关欧盟食品基本法、食品卫生法以及食品卫生的官方控制等一系列相关法规。

（1）食品安全白皮书。欧盟 2000 年公布了《食品安全白皮书》，包括执行摘要和 9 章的内容，用 116 项条款对食品安全问题进行了详细阐述，制定了一套连贯和透明的法规，提高了欧盟食品安全科学咨询体系的能力。《食品安全白皮书》提出了一项根本改革，就是食品法以控制从"农田到餐桌"全过程为基础，包括普通动物饲养、动物健康与保健、污染物和农药残留、新型食品、添加剂、香精、包装、辐射、饲料生产、农场主和食品生产者的责任以及各种农田控制措施等。同时，它要求各成员国机构加强工作，保证措施能可靠、合适地执行。

（2）食品安全基本法（EC）178/2002 号条例。（EC）178/2002 号法规是 2002 年 1 月 28 日颁布的，主要拟订了食品法规的一般原则和要求、建立欧洲食品安全局（EFSA）和拟订食品安全事务的程序，是欧盟的又一个重要法规。（EC）178/2002 号法令包含 5 章 65 项条款。范围和定义部分主要阐述法令的目标和范围，界定食品、食品法律、食品商业、饲料、风险和风险分析等 20 多个概念。一般食品法律部分主要规定食品法律的一般原则、透明原则、食品贸易的一般原则和食品法律的一般要求等。欧洲食品安全局（EFSA）部分详述 EFSA 的任务和使命、组织机构、操作规程，EFSA 的独立性、透明性，保密性和交流性，EFSA 财政条款，EFSA 其他条款等方面。EFSA 由管理委员会、行政主任、咨询论坛、科学委员会和 8 个专门科学小组组成。快速预警系统、危机管理和紧急事件部分主要阐述了快速预警系统的建立和实施、紧急事件处理方式和危机管理程序。程序和最终条款主要规定委员会的职责、调节程序及一些补充条款。

（3）食品卫生条例（EC）852/2004 号条例。该法规规定了食品企业经营者确保食品卫生的通用规则，主要内容包括：企业经营者承担食品安全的主要责任；从食品的初级生产开始确保食品生产、加工和分销的整体安全；全面推行危害分析和关键控制点（HACCP）；建立微生物准则和温度控制要求；确保进口食品符合欧洲标准或与之等效的标准。

（4）动物源性食品特殊卫生规则（EC）853/2004 号条例。该法规规定了动物源性食品的卫生准则，主要内容包括：只能用饮用水对动物源性食品进行清洗；食品生产加工设施必须在欧盟获得批准和注册；动物源性食品必须加贴识别标识；只允许从欧盟许可清单所列国家进口动物源性食品等。

（5）人类消费用动物源性食品官方控制组织的特殊规则（EC）854/2004 号条例。该法规规定了对动物源性食品实施官方控制的规则，主要内容包括：欧盟成员国官方机构实施食品控制的一般原则；食品企业注册的批准；对违法行为的惩罚，如限制或禁止投放市场、限制或禁止进口等；在附录中分别规定对肉、双壳软体动物、水产品、原乳和乳制品的专用控制措施；进口程序，如允许进口的第三国或企业清单。

（6）确保对食品饲料法以及动物卫生与动物福利法规遵循情况进行验证的官方控制（EC）882/2004 号条例。（EC）882/2004 号条例是一部侧重对食品与饲料，动物健康与福利等法律实施监管的条例。它提出了官方监控的两项基本任务，即预防、消除或减少通过直接方式或环境渠道等间接方式对人类与动物造成的安全风险；严格食品和饲料标识管理，保证食品与饲料贸易的公正，保护消费者利益。官方监管的核心工作是检查成员国或第三国是否正确履行了欧盟食品与饲料法，动物健康与福利条例所要求的职责，确保对食品饲料法以及动物卫生与动物福利法规遵循情况进行核实。

（7）关于供人类消费的动物源性产品的生产、加工、销售及引进的动物卫生法规 2002/99/EC 号指令。该指令要求各成员国 2005 年前转换成本国法律。该指令提出了动物源性食品在生产、加工和销售等环节中动物健康条件的官方要求。指令中还包括了相关的兽医证书要求、兽药使用的官方控制要求、自第三国进口动物源性食品的卫生要求等。

（8）《饲料卫生要求》（EC）183/2005 号条例。许多食品问题始于被污染的饲料。为了确保饲料和食品的安全，（EC）第 183/2005 号条例对动物饲料的生产、运输、存储和处理做了规定。和食品生产商一样，饲料商应确保投放市场的产品安全、可靠，而且负主要责任，如果违反欧盟法规，饲料生产商应支付损失成本，如产品退货以及饲料的损坏。

3. 日本　日本保障食品安全的法律法规体系由基本法律和一系列法律法规组成，包括控制食品质量安全的《食品卫生法》《食品安全基本法》等，其中《食品卫生法》是日本控制食品安全最重要的综合法典，适用于国内产品和进口产品，并对该法先后做过 10 多次修改，修改的原则是提高农产品残留限量标准，增加限制项目，强化进口检测制度。2006 年，日本厚生劳动省对《食品卫生法实施条例》进行了修改，新增加了一些要求检疫的畜禽传染病种类。这些法律法规的基本要点是对很多商品技术标准的要求是强制性的，不论产品来自何地，均要在满足各种技术指标后，才能进行生产、销售和使用，而且进口产品入境时由日本官员进行检验，同时通常要求在合同与信用证中体现这些标准。当外国产品进入日本市场时，不仅要求符合国际标准，而且还要求与日本标准相吻合，只要其中一项指标不合格就不可能进入日本市场。

4. 韩国　韩国涉及畜产品质量安全管理的法律有《家畜传染病预防法》《畜产品加工处理法》和《食品卫生法》等。

韩国政府从 2003 年 10 月 10 日起，对进口食品等实行事前确认登记制度。

韩国进口食品事前确认登记程序为：国外进口食品生产加工商首先提交事

前确认登记的申请表；韩国食品药品监督管理局（KFDA）对所提交的申请进行审查，并组织进行现场调查；韩国食品药品监督管理局向食品生产加工商通报授权号。

进口农产品的农药、重金属、激素残留，主要通过进口抽检进行控制，如抽检不合格率较高（无明确规定），可随时对出口国和对象农产品实施临时精密检验，即在一定期限内对进口农产品实施逐批检验措施，从而达到控制进口的目的。

凡经事前确认的食品在进口申报时只需接受书面资料审查，可免于实验室检查。该项制度主要针对加工食品、食品添加剂和食品容器包装等。

韩国进口食品事前确认登记制度并不是对每个出口商都是强制性的，而是韩国食品药品监督管理局对出口商的推荐性制度，韩国食品药品监督管理局于2007年9月发布的《韩国进口食品事前确认登记制度》为出口到韩国的食品出口商提供了详细全面的有关该制度的解释。

三、主要贸易伙伴相关卫生检疫要求

1. 美国 FSIS 规定国产的和进口的蛋类产品必须符合联邦法规第 9 篇（Code of Federal Regulation，Title9，简写为 9CFR）中蛋类检验法（EPIA）的法定要求。FSIS 还随机进行药物化学品残留的抽检，检验内容包括：零售包装和净重检验；包装容器的检验；产品缺陷的检验；罐头的保温检验；标签检验；添加剂、产品成分、微生物污染、各种残留及肉种鉴别的实验室检验等。对感官检验的项目如重量、标识等逐批检验，对微生物项目按照计算机管理的提示抽样送实验室检验，对药物残留的检测根据美国残留监控计划的要求按照计算机管理的提示抽样送实验室检验。

2012 年 7 月 9 日，美国联邦蛋制品安全管理规例正式生效，该项管理规例旨在控制蛋类生产过程中的沙门氏菌污染。该项管理规例于 2009 年由美国 FDA 制定并发布，但在正式生效之前的过渡期只要求大型蛋鸡养殖场（超过 50 000 只鸡）遵守，在正式生效后将对所有超过 3 000 只蛋鸡的中型以上养殖场都具有强制性。

规例要求饲养场对其所生产的非巴氏杀菌蛋，要在产蛋 36 小时后进行沙门氏菌检测，且要求饲养场所购买的蛋鸡幼仔必须来源于能够证明以对沙门氏菌采取了有效控制措施的供应商。此外，规例中还规定了对饲养环境生物安全措施，例如，对啮齿类动物和害虫的控制措施。

按照规例的规定，一旦在蛋制品或饲养设施和环境中发现沙门氏菌污染，将要求相关企业对蛋制品进行巴氏杀菌处理或改为非食用用途进行销售，且在对生产环境进行彻底消毒后方可继续进行生产。

美国对肉禽蛋产品进口的检验检疫，一般按下列程序实施。

（1）检查输出国的检验检疫体系是否与美国的体系等同。

（2）确保进口肉、禽蛋产品在与美国等效的检验、检疫体系下生产、加工。这种保证是通过定期评估有资格向美国出口国家在疾病、残留、污染、加工工艺、商业欺诈等风险领域中控制的有效性来实现。

（3）确保进口到达入境口岸实施检验检疫时有恰当的证书。

（4）证明产品符合美国的标准。

（5）货物到达口岸时，信息输入口岸自动进口信息计算机系统（AIIS），并在其指导下对进口产品实行采样。

（6）检验数据不但用于决定以后特定国家、特定工厂所生产的产品进行采样的频率，还用作评估该国检验检疫系统的补充信息。

（7）美国农业检查员（APHIS 属下 PPQ）在货物到达口岸时实施验证验货，在 AIIS 系统将进口信息发送全国口岸的同时，指示不同的检验检疫机关在目的地对进口产品实施检验检疫。

2. 欧盟　欧盟 2004/853/EC 号规章对蛋及蛋制品食品卫生相关的特定卫生要求进行了规定，具体内容如下。

（1）欧盟对进口蛋与蛋制品的食品卫生要求。在生产厂直到产品出售给消费者之前必须保证蛋的清洁、干燥、无异味，有效防震和避免阳光直射。蛋的保存和运输温度必须是最适合保持蛋卫生的温度。运给消费者最大的期限应该为产蛋以后的 21 天。

（2）对工厂的要求。食品经营者必须保证蛋制品加工厂合理构建和装备以保证以下操作程序的隔离：脏蛋进行清洗、干燥和消毒；打碎蛋，收集蛋内容物，清除蛋壳和壳膜。

（3）制造蛋制品的原料要求。食品经营者必须保证用于制造蛋制品的原料满足以下要求：蛋壳必须完全去除，不能有碎渣。破裂的蛋也可以用来进行产品加工，但这些蛋必须直接运到加工厂，并且到加工厂后尽快打碎。液体蛋也可以用来进行原材料的加工，要求参见特殊卫生要求中的第 1、2、3、4、7 条。

（4）制品生产的特殊卫生要求。食品经营者必须保证在蛋制品生产、处理和保存中不被污染，尤其要保证符合下列要求：蛋在清洁和干燥前不能被打碎。蛋打碎时必须使用造成最低污染的方法，打碎后要尽快进行加工。母鸡、火鸡和几内亚禽蛋及其他禽蛋必须分别处理加工。重新开始加工母鸡、火鸡和几内亚禽蛋时要对所有的设备进行清洗和消毒。不能通过离心或粉碎蛋的方法来获得蛋内容物。也不能使用离心法从空蛋壳中获得残留的蛋白供人食用。

蛋被打碎后，所有部分都要尽快进行加工以减少微生物污染。没有充分加工的蛋如果还要供人食用必须在同一厂内重加工。不能供人消费的蛋必须使其变性以保证不再用于人消费。要进行热处理制造干的或结晶白蛋白的蛋白不要求加工。如果蛋打碎后不能及时进行加工，要冷冻保存或温度不高于 4 ℃保存，4 ℃保存不能超过 48 小时。这些要求不适用于去糖产品。如果去糖加工应尽快进行。

没有经过消毒以室温保存的产品必须冷却到 4 ℃以下，需要冷冻的产品必须在加工后立即冷冻。

（5）分析说明。在未改性的蛋类产品的干物质中，3 - 羟基丁酸的浓度绝对不能超过 10 毫克/千克。

用来生产蛋类产品原料中的乳酸含量，在干物质方面绝对不能超过 1 克/千克。但是，对于发酵产品，这个值必须是在发酵过程之前记录下来的值。

在蛋类产品生产中残留下来的蛋壳、蛋膜以及其他部分的总量绝不能够超过 100 毫克/千克。

3. 日本　日本进口食品和相关产品进口申报检疫程序如下。

（1）填写进口食品和相关产品的进口食品申报表，提供申报程序要求的所有相关信息，包括进口食品的种类、出口国当地政府颁发的卫生/健康证。

（2）向检疫所提交信息完整的申报表，可以书面递交申报表，也可通过相关网站在线递交。

（3）检疫所对递交的进口食品申报表进行检查。检查人员检查申报表提供的出口国、进口食品种类、生产商、生产地、成分和原材料、生产方式和添加剂等相关信息是否符合食品卫生法的相关规定。主要检查如下几项。

①进口食品和相关产品，是否符合食品卫生法规定的生产标准。

②食品添加剂的使用，是否符合相关标准。

③是否含有有毒有害物质。

④生产者或生产地是否在过去发生过卫生安全问题。

（4）日本关于食品和食品添加剂的相关法规和标准，具体见日本食品卫生法的食品和食品添加剂技术规范和法规；日本农产品和水产品进口技术法规手册（2007）；日本食品、器具、容器、包装、玩具、清洁剂的规范、标准和测试方法。

（5）在检查申报文件过程中，若发现进口货物在过去存在很多违法记录，则需要对货物进行检查，以此来确定货物是否符合相关法律。经检查后，如果货物符合规定，检疫所将对进口商颁发告知证书（Certificate of Notification）；如果货物不符合规定，检疫所将通知进口商，货物将不得进口。

4. 韩国　韩国进口食品/农产品的检验检疫工作分别由 2 个政府机构负责，检疫工作全部由农林水产食品部（MIFAFF）负责，食品、农产品（不含畜产品）的检验工作由韩国食品药品管理局（KFDA）负责，畜产品的检验工作由 MIFAFF 负责。KFDA 主要负责制定韩国食品、药品检验法律法规、检验方法及标准等，而其下属 6 个地方 FDA 则具体执行 KFDA 制定的相关法律法规及标准。

（1）韩国进口食品检验检疫程序。进口商或最终使用者应在进口食品到达前 5 天向韩国地方 FDA 或国家检疫机关提交进口食品准许进口证书及相关文件资料，韩方工作人员将对进口商或最终使用者提交的文件进行审核，其中包括审核进口食品的标签样本。

货物到达口岸后，韩国地方 FDA 将对进口食品进行感官检查和实验室检查，首次进口食品均须进行实验室检测。此外，KFDA 电脑系统还会随机抽取部分进口食品进行实验室检测，但不包括已进行实验室检测的商品。

经检验检疫合格的进口食品，将允许进口并签发进口证书；不合格的进口食品将由地方 FDA 通知申请者和地方海关，并对该批食品采取退运、销毁或改变用途等处理措施。对检验结果有异议的，进口商可在 2 周内提出申诉，地方 FDA 将视情况进行再次抽样复验。进口食品进入市场后，地方 FDA 食品监察机构和地方食品安全机构还将在流通领域进行随机检查。

此外，韩国将特殊功能食品定义为食品与药品之间的一类商品。如果是一般性功能食品，即以前有风险分析证实其安全性的，可以按普通食品进行检验；如果为新资源食品，就需要进口商向 KFDA 提供相关资料，经风险评估后方可进口。

（2）进口食品抽样及结果判定规则。韩国对进口食品批批进行感官检验，每年进口食品抽样送实验室检测的比例平均为 20% 左右，而且首次进口的食品一般需进行全项目检验。如果该种进口食品历史检验记录良好，地方 FDA 将根据产品风险适当降低抽检比例，或者采取验证放行的方式；如果历史检验记录较差的话，地方 FDA 将会提高抽检比例。对于不合格进口食品的生产企业，地方 FDA 将会对其向韩国出口的同类食品实施为期一年的批批检验，而且其他公司生产的同类食品也会因为这类食品的整体抽样检验比例上升而受到影响。

四、主要贸易伙伴相关认证要求

1. 美国

（1）ISO 9000 认证。ISO 9000 在国际上得到广泛承认，被各国标准化机构所采用。1994 年底，已被 70 多个国家一字不漏地采用，其中包括所有的欧盟和欧洲自由贸易联盟国家及日本和美国。

（2）ISO 14000 认证。从 20 世纪 80 年代起，美国和西欧一些公司为了响应持续发展的号召，减少污染，提高在公众中的形象以获得商品经营支持，开始建立各自的环境管理方式，这是环境管理体系的雏形。

（3）FDA认证。带壳蛋和蛋制品生产加工企业按照《美国第107—188公共法》必须向FDA登记。FDA对食品、农产品、海产品的管理机构是食品安全与营养中心（CFASAN），其职责是确保美国人食品供应安全、干净、新鲜并且标识清楚。主要监测重点包括食品新鲜度、食品添加剂、食品生物毒素其他有害成分、海产品安全分析、食品标识、食品上市后的跟踪与警示。

（4）HACCP认证。出口美国的水产品、果汁、肉禽、蛋制品，美国要求生产企业必须获得HACCP认证。还要注意HACCP证书上是否有认可委（非营利性组织）的标志。认证机构的资质是由认可委进行认可的。目前，全球最大的认可委是荷兰的RVA，此外，美国的认可委是RAB。如果产品出口美国，选择一家经过RAB认可的认证公司进行认证，按照美国对进口产品的质量管理，除了坚持多年来实行的进口产品卫生许可证制度和美国食品药物管理局（FAD）的良好食品生产规范（GMP）等注册认证制度外，近年来又实行ISO 9000系列质量认证和危害分析关键控制点（HACCP）认证制度，许多指标数据精确到小数点后二、三位。美国推行HACCP质量管理体系是通过政府要求和强制性法规来执行的。美国农业部（USDA）的食品安全检验署（FSIS）制定和颁布的《减少致病菌、危害分析和关键控制点体系最终法规》（即"肉和禽类及其制品HACCP最终法规"）极大地推动了美国HACCP质量管理体系在禽肉食品企业中的应用。

（5）SQF 2000认证。SQF 2000认证是全球食品行业安全与质量体系的最高标准，是用来确认食品安全和质量风险以及验证/监控食品安全标准所必需的质量管理体系要求的食品安全标准，它源自澳大利亚农业委员会为食品链相关企业制定的食品安全与质量保证体系标准。

目前，SQF 2000由美国食品零售业公会（FMI）这一机构认可。SQF 2000是目前世界上唯一将HACCP和ISO 9000这两套体系完全融合的标准，同时也最大程度减少了企业在质量安全体系上的双重认证成本。该标准具有很强的综合性和可操作性。

世界上主要的采购商、经销商和零售商都认识到了对食品产品的原料、生产过程和服务进行独立监督的重要性，因此，SQF 2000这一标准在全球范围内获得市场共同的认可。例如，日本最大的超市连锁企业"佳世客"要求其在韩国和中国的食品供应商要取得SQF 2000的认证资格。SQF 2000帮助和督促食品加工企业实施食品质量及安全计划。

（6）GMP认证。1969年FDA发布了食品制造、加工、包装和保存的良好生产规范，简称GMP或FGMP基本法，并陆续发布各类食品的GMP。

GMP 自 20 世纪 70 年代初在美国提出以来，已在全球范围内的不少发达国家和发展中国家得到认可并采纳。目前，美国已立法强制实施食品 GMP。

（7）有机食品认证。美国有机食品认证的操作程序着重于生产中运用的方法和材料，主要有 3 个方面的要求：生产中运用的材料和方法必须符合有机农业标准；生产中运用的材料和方法必须有清楚、连续的记录；每个产品必须有相应文字记录来追溯其产地，从而验证生产中使用的材料和方法。认证操作程序包括申请认证并提交 OSP、初审、现场检查、综合评审、颁证和年度检查 6 个步骤。

美国对有机食品标识有严格规定，具体内容如下。

①使用 100％有机原料生产的产品如水果、蔬菜、鸡蛋或其他单一成分的食品，可以标记为"100％有机"，能使用美国农业部有机专用标志及认证机构标志。

②含有机食品认证的产品 95％以上有机原料生产的产品，可以标识为"有机"，能使用美国农业部有机专用标志及认证机构标志。

③使用 75％～95％有机原料生产的产品，可以标识为"使用有机原料生产"及使用认证机构标志，但不能使用美国农业部有机专用标志。

④含量低于 70％的有机原料的食品仅可以在其成分列表中列出所使用的有机原料。

2. 欧盟

（1）GMP 认证。1969 年，世界卫生组织向全世界推荐 GMP。1972 年，欧洲共同体 6 个成员国公布了 GMP 总则。日本、英国、新加坡和很多工业先进国家引进食品 GMP。

（2）HACCP 认证。欧盟 1993 年 6 月颁布的 93/43/EEC 关于食品卫生的指令是欧盟目前最重要的关于食品安全的通用法规。其确定了 HACCP 体系在欧盟食品安全体系中的重要地位，并要求食品加工企业承担起保障食品安全的首要责任。该法规要求从初级原料之后所有食品相关企业，即食品的准备、加工、生产、包装、储存、运输、分销和销售等各环节的单位均需为消费者提供卫生的食品，并建立 HACCP 体系。因此，包括从食品准备和加工后的所有食物链的环节。

（3）GLOBALGAP 认证。目前，中国农产品食品出口到欧洲，欧洲的大部分客户要求供应商必须通过欧洲良好农业操作规范的认证，即 GLOBAL-GAP 认证。GLOBALGAP 是由"欧洲零售商协会"（Euro - Retailer Produce Working Group，EUREP）和农场主代表制定的一套准则和程序，以进行对世界范围的"良好农业规范"（GAP）认证。GLOBALGAP 认证属于非强制性认证，但 GLOBALGAP 认证在欧洲地区已得到全面推行，美国、加拿大、日本等国家也相继参照执行。实施了此认证的企业，对于进入欧盟市场将更加方便。

（4）BRC认证。BRC是英国零售商公会（British Retail Consortium）的简称，该公会从1998年开始为食品供应商专门制定质量体系审核标准。BRC认证针对的是一些进入欧洲市场、主要是英国市场的产品供应商。供应商必须满足涉及法律、安全、环境等标准的相关要求才能准许进入市场。BRC标准适用范围有食品制造、初级产品制作、食品服务公司、餐饮公司、食品配料生产和预包装食品的供应（不生产，在审核范围中明确剔除了预包装食品的加工，但要进行适当控制）。需要注意的是，BRC认证虽然是产品认证，但认证标识不可以在产品的包装上使用，只可以用在公司的宣传品上。

（5）IFS认证。IFS（International Food Standard）是由德国零售商及法国零售商和批发商联盟共同制定的食品供应商质量体系审核标准。2002年，为了建立一个共同的食品安全标准，德国HDE零售业联合会的食品零售商制定了名为国际食品标准的共同审核标准，在2003年，法国FCD（法国商业零售业联合会）加入了IFS工作小组。IFS认证被德国及法国零售商普遍接纳，许多知名的欧洲超市集团在选择食品供应商时要求供应商要通过IFS审核。IFS标准主要包括质量管理体系QMS、管理责任感、资源管理、产品放行及测量、分析及提高5个方面。

IFS标准对企业的审核划分为高低两个级别和一个更高等级的推荐级别。IFS基础级别——国际食品行业的最低标准；IFS高级——食品行业的最高标准；推荐级别——对所有希望自身企业在同行业中成为"典范"的被审核企业的建议。

（6）有机食品认证。欧盟有机认证是国际最严格也是最有权威的认证机构。"有机"（英语：Bio，亦可译为"生态"）一词对于欧盟来说有着严格的法律定义。根据欧盟2007年的一项法律规定，只有达到欧盟法律所规定的有机食品标准的产品才允许使用"有机"一词，才被允许冠以欧盟绿色的"有机"标志。也就是说，根据现行的欧盟标准，农产品的有机成分至少要在95％以上的才可能使用欧盟统一的有机标志。

欧盟有机产品法规定，如果有机食品中的转基因成分超过0.9％，则不管有机成分是否超过95％，都不能在标签上标注为欧盟有机食品。而这个0.9％并不意味着欧盟允许有机食品中含有转基因科技，它是通过一系列数学计算得出的一个阈值，因为目前以美国孟山都为首开发的转基因技术已经无法避免地渗透到人类食物链当中，比如动物饲料和加工食材的部分基础原料。

除了对有机食品的有机成分有严格要求之外，欧盟还对有机产品的养殖、种植过程以及有机食品成品添加物都做了严格规定，尤其是在生产过程中使用的化肥、农药，以及在食品加工中使用的增味剂、防腐剂以及人工香料等。

3. 日本

（1）GMP 认证。日本厚生省于 1975 年开始制定各类食品卫生规范。

（2）JAS 有机认证。2000 年日本农林水产省根据《有机加工食品的生产、加工和标签指南》制定了有机种植物和有机植物源性加工食品的 JAS 标准，从而建立了有机 JAS 体系。经日本或国外 JAS 认证机构认证的生产商、加工商均可在其按照相关有机 JAS 标准生产或加工的产品上加贴有机 JAS 标识。

为了确保从农产品到餐桌整个食品链中生产和流通信息的透明度和可追溯性，2003 年日本制定了关于食品生产信息的特定 JAS 标准。生产信息的有效性认证也由日本农林水产省认可的认证机构进行认证。2006 年 3 月，日本制定了 3 个关于牛肉、猪肉和农产品生产信息的标准。

4. 韩国

（1）HACCP 认证。韩国政府通过官方的食品卫生安全厅和半官方的行业协会，监督管理食品安全。韩国 1996 年加入世界贸易组织，1997 年建立 HACCP 国际认证制度，鼓励食品生产企业到政府指定或认可的国内外认证机构获取 HACCP 体系认证，严格控制未通过认证的企业。另外，还规定转基因食品必须明确标识。对上市食品，由政府派公务员抽样、指定机构检测。若违反《食品卫生法》，要判处经营者 1～7 年有期徒刑，并最高罚款 1 亿韩元。

（2）GMP 认证。韩国也在积极推行食品的 GMP 认证。

（3）有机食品认证。韩国自 1993 年起采用有机农产品标志和质量认证制度。韩国有机农业产品分以下四类：低农药产品（比传统耕作的农药适用量少 50% 左右）、无农药产品、转换期有机农产品（product conversion，即超过一年不施农药和化肥）、有机农产品（经过国内专门的认证机构认证的农产品）。

为了有效地执行有机农产品标准，国家农产品质量管理局（NAQS）被指定为国家持续农业的认证机构，农产品质量管理办公室被指定为韩国唯一的有机农产品认证机构，每个县都设立分支机构。有机农产品认证证书的发放程序为：生产有机农产品前，农民向国家农产品质量管理办公室提交生产计划；地方质量管理办公室分析农场土壤；地方质量管理办公室对农产品进行分析测试，检测有无农药残留，是否使用化肥；通过以上程序后，可贴上有机农产品标签。

五、主要贸易伙伴相关标识、包装、标签要求

1. 美国 产品进口美国必须与美国国内产品的包装标签要求相一致。无论哪个国家要获得出口到美国的资格，FSIS 都将对该国的检验系统进行评估。FSIS 对进入美国市场的产品，首先对其包装标签尤其是小包装的标签进行批

准，标签包括印有字体和图案的包装纸、袋、盒等。在零售时，这些标签和产品附在一起。经过 FSIS 认可批准的出口企业在生产出口产品前，应获得标签批准。其中，对于蛋制品的标签必须符合 FSIS 对于国内蛋制品同样的标签要求，所有有特殊声称（如低脂、健康、天然等）的产品标签必须得到 FSIS 标签和消费者保护处（LCPS）的评价认可。

美国《2004 年食品过敏原标识和消费者保护法规》中食品过敏原包括蛋。该法规规定食品过敏原应标注在成分表之后或附近，标注的大小与成分表相同；或者在成分表的相关食品过敏原处用括号标出；例外情况除外。如果违反《2004 年食品过敏原标识和消费者保护法规》要求，对于公司和其管理者将受到民事仲裁或刑事处罚，或两者并罚。对于不符合要求的产品将进行扣留。对于含有未声明过敏原的产品，美国 FDA 可能会要求产品召回。

2. 欧盟　不用来零售，而是作为另一个产品生产中原料的蛋类产品，其标签上必须标明要保存这些蛋类产品所需要的温度和产品的保质期。

液体鸡蛋产品的标签上还必须有："未杀菌蛋产品将在目的地进行处理"，并且标明打破蛋的日期和具体时间。

欧盟 2003/89/EC 指令中食品过敏原包括鸡蛋及其制品。在欧盟市场上出售的转基因产品，包括食品和饲料，如果其转基因成分的含量超过 0.9%，就必须贴上标签，注明产地、成分及销售情况，并且这些信息至少要保留 5 年时间。

3. 日本　产品的履历编号制度使消费者可以通过购得产品包装上的履历编号直接查询到生产这批产品的有关信息。

日本的《食品卫生法》规定：食品包装必须无味；食品包装不能太花哨，特别是儿童食品包装的颜色不能太多，并要控制好颜色的使用量，内层加一道隔离膜；印刷食品包装时，一定要使用专门的油墨。凡是食品包装，必须用醇溶油墨取代甲苯油墨，因为醇溶油墨比较稳定，不易挥发产生有害物质。

日本对食品标签的要求非常严格，明确提出对于导致食物过敏的成分必须明示。日本在修订后的《食品卫生法》中规定了对鸡蛋、牛奶、小麦、荞麦和花生 5 种食物为原料的加工食品和添加物，必须在容器和包装上注明所含的过敏性物质。

4. 韩国

（1）食品包装要求。韩国政府对食品包装材料的管理和评价由韩国食品药品管理局承担。根据韩国食品卫生法，食品药品管理局负责制定食品包装材料、容器的标准、法规等各项管理规定。韩国食品法典第六部分则集中规定了食品容器、包装材料的各项标准，其中包括各类禁止在加工中使用的物质〔包括 2004 年发布的禁止使用二乙基羟胺（DEHA）的规定〕、各类具体物质的标准要求、相应的检验方法等。对于需要修订或更新的内容，政府通过颁布公告的形式定时增补法典标准。其进口禽肉须出自出口国政府兽医官员经实施活体或解剖检疫、结果为健康的家禽。同时，在包装物和包装上，须印有经无害于公众健康的方法处理过的合格标志，这一合格标志须事先向韩国政府通报。

（2）标签要求。韩国食品药品管理局（KFDA）于 2003 年 8 月颁布了《韩国食品标签标准》，全面详细描述了韩国的食品标签要求，包括对进口食品标签的要求。具体内容如下。

①韩国食品标签强制性标注要求。韩国食品标签强制性标注要求包括食品名称、配料表、净含量（沥干物）、原产国、生产日期标示和储藏指南、食用方法。对于茶、饮料、特殊营养食品和健康食品等食品类型，需标示除人工添加的水之外的 5 种以上成分或配料的含量，4 种及 4 种以下时可只标示主要成分。此外，对于辐照食品（辐照是一种新的灭菌保鲜技术，能杀死食品中的昆虫及它们的卵及幼虫，延长食品的货架期）、酒类、含苯丙氨酸的食品和易腐食品等必须要加注警示类标示。

②豁免标注的要求。属于立即制作、加工并销售的食品，可将标注事项（只标注食品名称、厂名、制造时间、保管和处理方法）标示在陈列架或其他标示牌上，可免于单个产品的标签。对于散装食品，如果冻、糖果和部分水产品等，则需在大包装上标示品名、生产厂商和生产时间等。

③字体字号、标注位置等的规定。韩国《关于食品等的标识标准》对食品标签的字体字号和标注位置方面也有严格规定，要求使用国际单位标注质量和体积，标示内容应该清晰且在指定位置上。食品名称、类型、重量、容量和件数等必须在容器或包装的主标示面上一起标示。主标示面上的食品名称用 7 磅以上、22 磅以下的字号印刷；食品类型、重量、容量及件数用 12 磅以上字号印刷；制造日期、流通期限、配料名、成分及含量等使用 7 磅以上字号印刷；厂名、厂址、营养成分及其他标示用 6 磅以上字号印刷。

④配料成分的标注要求。在净含量和固形物（沥干物）的标注方面，《关于食品等的标识标准》要求按照内容物的状态，用重量、容量或个数（件）来标示。内容物为固体或半固体，用重量标示；内容物为液体，则用容量来标示；对于固体和液体的混合物，则用重量或容量标示；对于使用前需丢弃液体的食品，标签必须标示固形物的重量。

韩国的食品标签要求将内容物按照所占比例由大到小标示明确，对于不到 5% 的成分可以不用标示。对于可以循环使用的瓶子，在瓶体上必须注明。食品中添加糖精必须要注明，同时标签上不能注明使用了离子水、保健水等字样。韩国规定的含蛋制品的过敏性物质产品，均需标识。

⑤原产国、制造、经销者名称和地址。需标注的责任者范围包括制造商、

进口商、经销商；进口食品必须注明原产国，但外国的制造厂名以外文标示时，不必再用韩文标示；除制造厂家之外，如果要把商品分销商或流通专门销售商的名称及所在地一并标示时，应使用不大于制造厂名标示字号的印刷字。标示标准规定的标示事项之外的销售商商号或商标，应使用不大于制造厂名字号的印刷字。原产国必须强制性标注，如果进口食物成分比例很小时可免标注。

⑥储藏指南和食用方法的标注。在食品的储藏指南和食用方法标注方面，需要冷冻或冷藏流通时，须注明"冷冻保存"或"冷藏保存"，并标示保持质量所需的冷冻或冷藏温度。易腐食品、需烹调或加热食用的产品以及冷冻食品需标注储藏指南；冷冻食品需标注食用方法。对于容易腐败变质的水果、蔬菜、饮料和奶等，必须要注明"请冷藏保管和打开包装后请尽快食用"。对于发酵食品，必须要在标签上注明酵母菌或乳酸菌的数量。

⑦有机及进口食品标签管理。对于有机食品的标签管理，韩国有严格的标准。根据《关于食品等的标识标准》的相关规定，对于韩国国内生产的有机食品，在材料、加工方式、管理等有明确要求。用于加工食品的原料（除去水和盐）不能少于95%，且必须符合相关有机食品标准。同时，有机食品不能和非有机食品进行混合加工，并标称为有机食品，也就是说有机食品必须是"纯"的。有机食品中不能使用辐射原料，不能使用转基因食品或食品添加剂，同时在食物的容器上必须使用可生物降解或重复使用的包装材料。在食品加工方式方面，不能在同一生产设施上同时生产有机和非有机食品。如果要生产有机食品，必须提前把设备完全清除干净。在加工厂管理方面，则严格要求控制蚊蝇，虽然可以使用农药，但绝不能在加工的有机食品中有任何残留。

由于韩国很多食品是进口的，因此，韩国对进口食品的标签要求比较严格。所有进口食品必须附有韩文标签。标贴可被使用，但不应轻易地被移去，亦不得遮盖原来的标签。进口食品必须标注原产国、制造商、进口商、经销商；外国的制造厂名以外文标示时，不必再用韩文标示。对于商品分销商或流通专门销售商的名称及所在地，应使用不大于制造厂名标示字号的印刷字号。原产国必须强制性标注。

⑧转基因食品标签管理。为了规范以转基因技术种植、培育及养殖的农、畜、水产品为原材料，加工、制造的转基因食品进行标识的制度，向消费者提供准确的标识信息，依据韩国《食品卫生法》第十条第一款的规定，韩国于2001年制定颁布了《转基因食品标识基准》，规定以转基因农产品为原料制成的食品，必须标明为"基因重组食品"，即使只使用一种转基因原料，也必须标明。根据这一规定，对使用转基因农产品为原料，在最终产品中含有基因重组的 DNA 或含有外来蛋白质的食品，必须标明"基因重组食品"或"含有某

种基因重组的 DNA 食品"。

六、主要贸易伙伴相关等级规格要求

1. 美国 美国鸡蛋划分标准有 3 种。一是根据鸡蛋的气室（表 4 - 19），就是鸡蛋大头的空间部分；二是根据哈夫单位划分的鸡蛋等级（表 4 - 20）；三是根据鸡蛋的大小、质量划分（表 4 - 21）。

表 4 - 19 美国鸡蛋（根据鸡蛋的气室，就是鸡蛋大头的空间部分）**分级标准**

质量因素	AA 级	A 级	B 级
蛋壳	干净、清洁 未破损（无破裂或裂缝） 正常的形状（无变形）	干净、清洁 未破损（无破裂或裂缝） 正常的形状（无变形）	稍微不干净 未破损（无破裂或裂缝） 不规则的形状
气室	0.32 厘米或以下深度 可以无限移动 无气泡	0.47 厘米或以下深度 可以无限移动 无气泡	超过 0.47 厘米深度 可以无限移动 无气泡
蛋清	明朗、清澈 牢固	明朗、清澈 牢固	较散和呈多水状 只能容许小的血点和肉斑
蛋黄	轮廓稍微清晰可见 紧密，圆形并且较高 几乎无缺陷	轮廓稍微清晰可见 紧密并且较高 几乎无缺陷	较为扁平并且扩大 有清晰可见的蛋白带但没有血点 有其他血液类的缺陷

表 4 - 20 美国农业部根据哈夫单位划分的鸡蛋的等级

鸡蛋分级	哈夫单位	状态	用途
AA 级	72 以上	蛋白微扩展，蛋黄呈圆形，高高地在中间，浓厚蛋白含量高而围绕蛋黄，水样蛋白含量较少	食用蛋
A 级	71～75	蛋白适当扩散，蛋黄呈圆形，浓厚蛋白含量较少，水样蛋白少	食用蛋
B 级	31～54	蛋白扩展到较大面积，蛋黄稍平，浓厚蛋白含量低，水样蛋白多	加工蛋
C 级	30 以下	蛋白扩展极广，蛋黄扁平，浓厚蛋白几乎没有，仅见水样蛋白	仅部分供加工用

表 4 - 21 以鸡蛋大小、质量划分的等级标准

鸡蛋等级	尺寸	带壳重量
巨大	J	71 克以上
超大	XL	64～71 克

（续）

鸡蛋等级	尺寸	带壳重量
大号	L	57～64 克
中号	M	50～57 克
小号	S	43～50 克
特小	P	35～43 克

2. 欧盟 欧洲多数国家按以下标准划分鸡蛋等级（表 4-22）。

表 4-22 欧洲多数国家鸡蛋分级标准（克）

尺寸	带壳重量
XL	＞73
L	63～73
M	53～63
S	＜53

在法国，有机鸡蛋的外包装上可能标有 AB（Agriculture Biologique）标识，这个标识是法国对有机农业的一种认证标识，以保证某种食品是通过有机生产模式生产的。但是这个标识并不是强制性的。法国鸡蛋有 4 个等级，具体如下（表 4-23）。

表 4-23 法国鸡蛋分级标准（克）

尺寸	带壳重量
S	＜53
M	53～63
L	63～73
XL	＞73

3. 日本 日本盒装鸡蛋包装盒上除了印有鸡厂名称、地址、电话号码和出厂日期等以外，还要有分级标志。包装一般以 PVC 塑胶盒作小包装，每盒 10 个，盒盖透明。运输外包装用瓦楞纸箱或塑胶箱，每箱装 10 盒、20 盒或 30 盒。分级标准如下（表 4-24）。

表 4-24 日本鸡蛋等级（克）

等级	带壳重量
LL 级	＞69
L 级	67～69

（续）

等级	带壳重量
M 级	63～67
MS 级	51～63
S 级	45～51
SS 级	＜45

根据农林部颁布的日本工业标准（JIS）规定，箱装鸡蛋分为特级、一级、二级、级外 4 个级别。依据蛋壳、蛋黄、蛋白和气室状况进行分级。对鲜蛋除进行外观检查、灯光逐视检查外，还要实行开蛋检查。

4. 韩国　韩国传统鸡蛋等级划分如下（表 4 - 25）。

表 4 - 25　韩国传统鸡蛋分级标准（克）

尺寸	带壳重量
0 号	＞75
1 号	70～75
2 号	65～70
3 号	60～65
4 号	55～60
5 号	50～55
6 号	45～50
7 号	＜45

七、主要贸易伙伴蛋品近年出口受阻情况

2015—2020 年，中国出口到美国、欧盟、日本、韩国的蛋品受阻共计 61 批次，在这四个国家和地区中，美国和欧盟受阻批次居前两位，分别为 49 批次和 7 批次，占四个国家和地区总受阻批次的比例达 80％和 11％。中国蛋品出口受阻原因多样，近年出口美国、韩国、日本、欧盟受阻原因主要涉及化学物质因素、生物因素、标签包装、注册与材料问题、非法贸易、生产过程控制不当 6 大类。出口至各国的受阻情况具体如下（表 4 - 26）。

表 4-26　中国出口至美国、欧盟、日本、韩国蛋品受阻情况

受阻国家和地区	化学物质因素	生物因素	标签包装	注册与材料问题	非法贸易	生产过程控制不当
美国	35	—	17	3	—	5
日本	—	4	—	—	—	—
韩国	1	1	—	—	—	—
欧盟	—	—	1	3	4	—
合计	36	9	18	6	4	5

1. 美国　自 2015 年以来中国出口至美国的蛋品受阻共计 49 批次，受阻原因主要为化学物质因素、标签包装这 2 类。从总体看受化学物质因素影响受阻的频率最高，共 33 批次，占 67.3%，其有毒有害物质为三聚氰胺、不安全色素；查出农兽药残留为 1 批次，含叶绿素铜钠盐 1 批次。因拒绝接受 FDA 检查造成出口受阻 3 批次，生产过程控制不当因素的出口受阻 5 批次。由于标签包装因素受阻的有 17 批次，占 34.7%，具体为标签不正确、信息不全等（表 4-27）。从以上受阻情况可以看出中国出口美国的蛋品受化学物质因素影响的受阻情况严重，特别是三聚氰胺；同时因标签包装因素而导致受阻的比例也较高。

表 4-27　近年中国蛋品出口美国受阻情况

产品名称	发布国家	扣留原因	发布日期
蛋糕产品	美国	疑含三聚氰胺和/或三聚氰胺类似物	2020-05-14
蛋卷	美国	疑含柠檬黄、胭脂红	2020-04-08
鸭蛋	美国	在不卫生的条件下制造、加工或包装	2020-03-11
鸭蛋	美国	在不卫生的条件下制造、加工或包装；标签错误	2020-02-19
鸭蛋	美国	在不卫生的条件下制造、加工或包装；标签错误	2020-02-19
鸭蛋	美国	在不卫生的条件下制造、加工或包装；标签错误	2020-02-19
蛋糕	美国	疑含三聚氰胺和/或三聚氰胺类似物；不适合食用	2019-12-09
烘焙鸡蛋卷	美国	外国政府或工厂/仓库或其他设备的所有者、经营者或其代理人拒绝美国检查人员进入	2019-12-06
烘焙鸡蛋卷	美国	外国政府或工厂/仓库或其他设备的所有者、经营者或其代理人拒绝美国检查人员进入	2019-12-06
罐装蛋制品	美国	生产过程控制不当	2019-11-06
松花蛋	美国	疑含二氧化硫	2019-10-16
蛋糕	美国	标签错误；疑含三聚氰胺和/或三聚氰胺类似物	2019-09-12
蛋糕	美国	标签错误	2019-08-19
蛋糕	美国	疑含三聚氰胺和/或三聚氰胺类似物；不适合食用	2019-08-19
蛋糕	美国	疑含三聚氰胺和/或三聚氰胺类似物；不适合食用	2019-08-19
蛋糕	美国	疑含三聚氰胺和/或三聚氰胺类似物；不适合食用	2019-08-19

（续）

产品名称	发布国家	扣留原因	发布日期
蛋糕	美国	疑含三聚氰胺和/或三聚氰胺类似物；疑含有毒有害物质；不适合食用	2019 - 08 - 19
蛋糕	美国	疑含三聚氰胺和/或三聚氰胺类似物；疑含有毒有害物质；不适合食用	2019 - 08 - 19
蛋糕	美国	疑含三聚氰胺和/或三聚氰胺类似物；不适合食用	2019 - 08 - 19
蛋糕	美国	疑含三聚氰胺和/或三聚氰胺类似物；不适合食用	2019 - 08 - 19
蛋糕	美国	疑含三聚氰胺和/或三聚氰胺类似物；不适合食用	2019 - 08 - 19
蛋糕	美国	疑含三聚氰胺和/或三聚氰胺类似物；不适合食用	2019 - 08 - 19
蛋糕	美国	疑含三聚氰胺和/或三聚氰胺类似物；不适合食用	2019 - 08 - 19
蛋产品	美国	拒绝接受 FDA 检查	2018 - 12 - 26
蛋糕	美国	标签错误，疑含三聚氰胺或其类似物，疑含有毒或有害物质	2018 - 11 - 15
蛋糕	美国	标签错误，疑含三聚氰胺或其类似物，疑含有毒或有害物质	2018 - 11 - 15
蛋糕	美国	标签错误，疑含三聚氰胺或其类似物，疑含有毒或有害物质	2018 - 11 - 15
草莓味奶油蛋糕	美国	疑含胭脂红	2018 - 07 - 18
蛋糕	美国	疑含不安全色素	2018 - 07 - 16
蛋糕	美国	标签错误	2018 - 05 - 01
蛋糕	美国	疑含三聚氰胺	2018 - 02 - 27
咸鸭蛋	美国	标签上的硫酸铜	2018 - 02 - 13
蛋糕	美国	未标注配料的常用或通用名；未显著标注果汁蔬菜的具体含量	2016 - 11 - 22
抹茶鸡蛋卷	美国	疑含叶绿素铜钠盐	2016 - 11 - 09
蛋糕	美国	未标注配料的常用或通用名	2016 - 09 - 01
蛋糕	美国	疑含三聚氰胺及其类似物；含有毒有害物质；不适于食用	2016 - 08 - 15
蛋糕	美国	疑含三聚氰胺；含有毒有害物质；不适于食用	2016 - 04 - 15
蛋糕	美国	疑含三聚氰胺；含有毒有害物质；不适于食用	2016 - 04 - 15
蛋糕	美国	疑含三聚氰胺	2016 - 01 - 24
蛋糕	美国	疑含三聚氰胺	2016 - 01 - 24
蛋糕	美国	含农药	2015 - 12 - 16
蛋糕	美国	未标注配料的常用或通用名；未显著标注蔬菜汁含量	2015 - 10 - 06

（续）

产品名称	发布国家	扣留原因	发布日期
蛋糕	美国	含不安全色素	2015 - 09 - 22
蛋糕	美国	含人工色素、无营养标签	2015 - 05 - 13
蛋糕	美国	含人工色素、无营养标签	2015 - 05 - 13
蛋糕	美国	含人工色素、无营养标签	2015 - 05 - 13
蛋糕	美国	含人工色素、无营养标签	2015 - 05 - 13
蛋糕	美国	含人工色素、无营养标签	2015 - 05 - 13
蛋糕	美国	含人工色素、无营养标签	2015 - 05 - 13

资料来源：中国技术贸易措施网站（www.tbt-sps.gov.cn）及相关数据。

2. 欧盟 自 2015 年以来，中国出口至欧盟的蛋品共计受阻 7 批次，受阻原因分别为化学物质因素、标签包装、注册与材料和非法贸易。其中，1 批次为标签不正确；3 批次为注册与材料（发现虚假的卫生证书）；因非法贸易受阻的有 3 批次（表 4-28）。

表 4-28 近年中国蛋品出口欧盟受阻情况

产品名称	发布国家	扣留原因	发布日期
咸鸭蛋	意大利	标签不正确；怀疑是非法进口	2019 - 05 - 08
皮蛋	奥地利	试图非法进口	2019 - 04 - 03
皮蛋	奥地利	试图非法进口	2019 - 04 - 03
腌鸭蛋	意大利	试图非法进口	2019 - 03 - 22
腌蛋	荷兰	虚假的卫生证书	2015 - 10 - 30
腌鸭蛋	荷兰	虚假的卫生证书	2015 - 10 - 30
腌鸭蛋	荷兰	虚假的卫生证书	2015 - 10 - 30

资料来源：中国技术贸易措施网站（www.tbt-sps.gov.cn）及相关数据。

3. 日本 自 2014 年以来，中国出口至日本的蛋品受阻共计 4 批次，受阻原因均为生物因素，其中，细菌总数超标有 2 批次，共占 50%；查出成分规格不合格（繁殖所得微生物为阳性）2 批次，共占 50%。从以上受阻情况可以看出中国出口至日本的蛋品受生物因素影响较严重（表 4-29）。

表 4-29 近年中国蛋品出口日本受阻情况

产品名称	发布国家	扣留原因	发布日期
卤鸡蛋	日本	成分规格不合格（繁殖所得微生物为阳性）	2017 - 10 - 10
咸鸭蛋	日本	成分规格不合格（有可能发育的微生物阳性）	2015 - 12 - 30
鹌鹑蛋炸串	日本	成分规格不合格（细菌数量 1.5×10^7 个/克）	2015 - 11 - 12
冷冻蛋糕	日本	成分规格不合格（一般细菌数量 2.2×10^5 个/克）	2014 - 06 - 15

资料来源：中国技术贸易措施网站（www.tbt-sps.gov.cn）及相关数据。

4. 韩国　自 2015 年以来，中国出口至韩国的蛋品受阻共计 2 次，受阻原因主要为生物因素，化学物质因素两类。其中，1 批次为检出食用色素红色 2 号，1 批次为榆出细菌数超标（表 4 - 30）。

表 4 - 30　近年蛋品出口韩国受阻情况

产品名称	发布国家	扣留原因	发布日期
蛋制品	韩国	食用色素红色 2 号	2018 - 10 - 26
卤蛋（茶蛋）	韩国	细菌数超标	2017 - 09 - 08

资料来源：中国技术贸易措施网站（www.tbt - sps.gov.cn）及相关数据。

从以上中国自 2015 年以来出口至美国、欧盟、日本、韩国的蛋品受阻总体情况看，由于标签包装而导致受阻的比例较高，共计 21 批次，约占 33.9%。受化学物质因素影响受阻的频率最高，共计 34 批次，约占 54.8%，主要受阻于美国、欧盟，主要查出三聚氰胺，农兽药残留超标的有 1 批次。此外，由于注册与材料问题因素不合格而导致受阻的有 3 批次，所占比例约为 4.8%。由于生物因素受阻的有 5 批次，占 8.0%。

八、各国蛋品相关 TBT/SPS 通报情况分析

自 2006 年以来，WTO 成员方发布关于有关蛋品的通报有 183 个，其中，化学有毒有害物质有 91 个；微生物污染有 6 个；检疫措施和卫生要求有 54 个；标签标示有 13 个；分等分级有 3 个。关于化学有毒有害物质的通报数量仍高居通报量之首（表 4 - 31）。

表 4 - 31　2006 年以来 WTO 成员方有关蛋品通报情况

通报国家或地区	化学有毒有害物质通报次数	微生物污染通报次数	标签标识通报次数	检疫措施和卫生要求通报次数	分等分级通报次数	其他通报次数
美国	29	2	4	1		4
日本	51	—	—	—		—
菲律宾				44		
韩国			5	3		1
欧盟	3	4		5	3	8
巴西	8		2	1		3
南非			2			

以上通报情况表说明，常用农残限量的通报数量最多、使用最广，对产品的影响最大。

日本的 51 个通报中有 14 个是修订杀虫剂及兽药残留标准的通报，其余 37 个是日本修订食品卫生法项下食品及食品添加剂的标准和规范（修订农化残留标准）的通报（表 4-32）。由此可以看出，日本在应对蛋品国际贸易时，非常注重并且善于从食品及食品添加剂标准规范入手。中国只有 4 项通报（表 4-33），如果要打开日本的蛋品贸易市场的话，必须要很好地制修订中国蛋品相关的各项指标，特别是化学物质相关的食品添加剂的相关标准。

表 4-32　日本蛋、鸡 TBT、SPS 通报

通报号	通报名称	通报时间
G/SPS/N/JPN/303	修订食品卫生法项下食品及食品添加剂标准和规范（修订农化残留标准）	2012-08-29
G/SPS/N/JPN/301	修订食品卫生法项下食品和食品添加剂标准和规范（修订农化残留标准）	2012-07-13
G/SPS/N/JPN/298	修订食品卫生法项下食品和食品添加剂规范和标准（修订农化残留标准）	2012-05-23
G/SPS/N/JPN/296	修订食品和食品卫生法项下食品和食品添加剂标准和规范（修订兽药残留标准）	2012-03-26
G/SPS/N/JPN/293	修订食品卫生法项下食品及食品添加剂标准和规范（修订农化物残留标准）	2012-02-10
G/SPS/N/JPN/289	修订食品卫生法项下食品和食品添加剂标准和规范（修订农化物残留标准）	2012-01-19
G/SPS/N/JPN/285	修订食品卫生法项下食品及食品添加剂标准和规范（修订农化物残留标准）：英文，12 页	2011-12-12
G/SPS/N/JPN/283	修订食品卫生法项下食品及食品添加剂标准和规范（修订农用化学残留标准）	2011-09-16
G/SPS/N/JPN/282	修订食品卫生法项下执行法规（制定拟供生食肉和可食内脏标签标准）	2011-07-28
G/SPS/N/JPN/281	修订食品卫生法项下食品及食品添加剂规范和标准（修订农化物残留标准）	2011-07-26
G/SPS/N/JPN/278	修订食品卫生法项下食品及食品添加剂标准和规范（修订农化物残留标准）	2011-06-09

（续）

通报号	通报名称	通报时间
G/SPS/N/JPN/274	修订食品卫生法项下食品及食品添加剂标准和规范（修订农化物残留标准）	2011-03-25
G/SPS/N/JPN/269	修订食品卫生法项下食品及食品添加剂标准和规范（修订农化物残留标准）	2011-01-31
G/SPS/N/JPN/262	修订食品卫生法项下食品及食品添加剂标准和规范（修订农化物残留标准）	2010-11-01
G/SPS/N/JPN/259	修订食品与食品添加剂标准和规范（修订农化物残留标准）	2010-09-15
G/SPS/N/JPN/257	修订食品卫生法（修订农化物残留标准）项下食品及食品添加剂标准和规范：英文，9页	2010-08-09
G/SPS/N/JPN/253	修订食品卫生法项下食品及食品添加剂标准和规范（修订农化物残留标准）	2010-07-01
G/SPS/N/JPN/252	修订食品卫生法项下（农化物残留修订标准）食品及食品添加剂标准和规范	2010-06-30
G/SPS/N/JPN/243	修订食品卫生法项下食品与食品添加剂标准和规范（修订农化物残留标准）	2010-02-04
G/SPS/N/JPN/242	修订食品卫生法项下食品与食品添加剂标准和规范（修订农化物残留标准）	2009-12-04
G/SPS/N/JPN/237	食品卫生法项下食品和食品添加剂标准和规范的修订（农化物残留标准修订）	2009-10-07
G/SPS/N/JPN/235	修订食品卫生法项下食品及食品添加剂的标准和规范（修订农化物残留标准）	2009-09-24
G/SPS/N/JPN/233	修订食品卫生法项下食品及食品添加剂的标准和规范（修订农化物残留标准）	2009-08-10
G/SPS/N/JPN/231	修订食品卫生法项下食品及食品添加剂的标准和规范（修订农化物残留标准）	2009-07-22
G/SPS/N/JPN/229	修订食品卫生法项下食品及食品添加剂标准和规范（修订农化残留物标准）	2009-05-13

（续）

通报号	通报名称	通报时间
G/SPS/N/JPN/226	修订食品卫生法项下食品和食品添加剂的标准和规范（修订农化物残留标准）	2009 - 03 - 10
G/SPS/N/JPN/219	修订食品卫生法项下食品及食品添加剂的标准和规范（修订杀虫剂及兽药残留标准）（提供英文，共5页）	2008 - 11 - 25
G/SPS/N/JPN/219	修订食品卫生法项下食品及食品添加剂的标准和规范（修订杀虫剂及兽药残留标准）（提供英文，共5页）	2008 - 11 - 25
G/SPS/N/JPN/216	修订食品卫生法项下食品与食品添加剂的标准和规范（修订杀虫剂残留标准）（提供英文，共20页）	2008 - 08 - 22
G/SPS/N/JPN/215	修订食品卫生法项下食品与食品添加剂的标准和规范（修订杀虫剂残留标准）（提供英文，共10页）	2008 - 08 - 11
G/SPS/N/JPN/212	修订食品卫生法项下食品与食品添加剂的标准和规范（修订杀虫剂残留标准）（提供英文，共19页）	2008 - 05 - 20
G/SPS/N/JPN/209	修订食品卫生法项下食品与食品添加剂的标准和规范（修订杀虫剂残留标准）（提供英文，共13页）	2008 - 03 - 31
G/SPS/N/JPN/206	修订食品卫生法项下食品与食品添加剂的标准和规范（修订杀虫剂残留标准）（提供英文，共17页）	2008 - 01 - 28
G/SPS/N/JPN/202	修订食品卫生法项下的食品及食品添加剂的标准和规范（修订杀虫剂残留标准）（提供英文，共9页）	2008 - 01 - 02
G/SPS/N/JPN/196	修订食品卫生法项下食品与食品添加剂标准和规范（修订杀虫剂残留标准）（提供英文，共9页）	2007 - 09 - 17
G/SPS/N/JPN/197	修订食品卫生法项下食品与食品添加剂标准和规范（修订杀虫剂残留标准）（提供英文，共3页）	2007 - 10 - 18
G/SPS/N/JPN/191	根据食品卫生法修订食品和食品添加剂的标准和规范（修订杀虫剂残留标准）（提供英文，共5页）	2007 - 07 - 30
G/SPS/N/JPN/181	根据食品卫生法修订食品与食品添加剂的标准和规范（修订杀虫剂残留标准）（提供英文，共6页）	2007 - 05 - 25
G/SPS/N/JPN/177	修订食品卫生法项下食品及食品添加剂标准和规范（杀虫剂残留标准补充规定）（提供英文，共4页）	2007 - 02 - 13
G/SPS/N/JPN/176	食品卫生法项下食品及食品添加剂标准和规范的修正案（补充规定杀虫剂残留限量）（提供英文，共3页）	2007 - 01 - 16

资料来源：中国技术贸易措施网站（www.tbt - sps.gov.cn）及相关数据。

表 4 - 33 中国蛋、鸡 TBT、SPS 通报

通报号	通报地	通报名称	通报时间
G/SPS/N/CHN/315	中国	《食品安全国家标准 胶原蛋白肠衣》：中文，4 页	2010 - 11 - 26
G/SPS/N/MAC/10	中国澳门	暂停进口 BSE 感染国家及地区的牛肉及上述动物的其他派生产品（提供中文及葡萄牙文，2 页）	2008 - 10 - 03
G/SPS/N/HKG/24/Rev. 1	中国香港	有关进口野生禽肉及家禽法规的修正案草案（提供英文，2 页）	2007 - 10 - 30
G/SPS/N/HKG/24	中国香港	进口野味、肉类及家禽法规的修正案草案（提供英文，2 页）	2007 - 05 - 01

资料来源：中国技术贸易措施网站（www. tbt - sps. gov. cn）及相关数据。

美国的通报中，有 29 个是关于杀虫剂残留标准的通报，4 个是关于标签标识的通报，2 个是关于微生物指标的通报（表 4 - 34），不难看出，在与美国之间的蛋品贸易中，化学物质残留、标签标识及微生物控制方面也起了决定性的作用。

表 4 - 34 美国蛋、鸡 TBT、SPS 通报

通报号	通报名称	通报时间
G/TBT/N/USA/510/Add. 2	单一成分产品及绞碎、剁碎的肉和禽类产品营养标签；延长生效日期和修订	2011 - 12 - 20
G/TBT/N/USA/643/Add. 1	包含添加液的生肉和禽类产品的通用名或常用名——重开评议期	2011 - 11 - 21
G/TBT/N/USA/643	包含添加液的生肉禽制品的通用名或常用名	2011 - 08 - 08
G/TBT/N/USA/510/Add. 1	单一成分产品及绞碎、剁碎的肉和禽类产品营养标签	2011 - 01 - 12
G/TBT/N/USA/510	单一成分产品及绞碎、剁碎的肉和禽类产品营养标签	2010 - 01 - 18
G/SPS/N/USA/2420	家禽肉蛋制品残留计划新分析法及抽样程序	2012 - 07 - 16
G/SPS/N/USA/2374	列明和批准用于生产肉及家禽产品的食品成分和辐射源	2012 - 05 - 16
G/SPS/N/USA/2371	家禽屠宰场检验	2012 - 05 - 10
G/SPS/N/USA/2345	茚虫威（Indoxacarb）：杀虫剂许可限量	2012 - 04 - 04
G/SPS/N/USA/2248	沙门氏菌验证抽样计划：有关新政策及沙门氏菌倡导计划（SIP）时间表说明的意见答复	2011 - 07 - 26

（续）

通报号	通报名称	通报时间
G/SPS/N/USA/2247	拟定法规：进口欧盟活禽和家禽、家禽肉和家禽产品（文案号：APHIS—2009－0094）	2011－07－25
G/SPS/N/USA/2221	最终法规：合作检验计划；肉与禽制品洲际运输：英文，46 页	2011－05－31
G/SPS/N/USA/2136/Add. 1	临时规定和评议要求：高致病性禽流感（文案号：APHIS—2006－0074）；重新开始评议	2011－05－09
G/SPS/N/USA/2195	在未获得某些检验结果前不使用检验标志：英文，19 页	2011－04－14
G/SPS/N/USA/2156	食品安全现代化法案：英文，89 页	2011－02－14
G/SPS/N/USA/2136	临时法规和评议要求：高致病性禽流感（文案号：APHIS—2006－0074）：英文，11 页	2011－02－02
G/SPS/N/USA/994/Add. 4	最终法规：技术修改：生产、运输和储存期间预防带壳蛋内肠炎沙门菌（*Salmonella enteritidis*）	2010－04－26
G/SPS/N/USA/994/Add. 3	最终法规：防止生产、运输和储存期间带壳蛋中的肠炎沙门氏菌（*Salmonella enteritidis*）	2009－07－14
G/SPS/N/USA/1933	工业指南草案：有关 2007 年食品药物管理局修订法案制定的食品注册报告问答；实用性；2007 年食品药物管理局修订法案进一步延期执行声明［FR Doc. E9－13614］，公告通知页数：27803—27804，英文，2 页	2009－07－06
G/SPS/N/USA/1929	叶菌唑（Metconazole）杀虫剂许可限量，英文，8 页	2009－05－29
G/SPS/N/USA/1709/Add. 1	最终法规：从外来新城疫疫区进口食用蛋（APHIS—2007－0014）	2009－04－27
G/SPS/N/USA/1913	美国农业食品安全检验局有关进口食品中含少量肉、家禽、加工蛋产品成分的执行通告	2009－04－08
G/SPS/N/USA/1592/Add. 1	最终法规：甘氨酸（Glyphosate）；牛、蛋、粮谷、猪、马、家禽、绵羊、大豆内的杀虫剂许可限量	2008－12－23
G/SPS/N/USA/1870	拒入美国食品的标签要求（拟定法规）（提供英文，46 页），（预公布副本）或（提供英文，13 页）（联邦纪事版）	2008－09－22

（续）

通报号	通报名称	通报时间
G/SPS/N/USA/1797	拟定法规：氟草胺（Benfluralin）、甲萘威（Carbaryl）、二嗪农（Diazinon）、百治磷（dicrotophos）、氟草隆（fluometuron）、杀螨脒（Formetanate Hydrochloride）、草甘膦（Glyphosate）、异丙甲草胺（Metolachlor）、敌草胺（Napropamide）、氟草敏（Norflurazon）、吡唑啉（Pyrazon）及氟胺氰菊酯（Tau - fluvalinate）；拟订许可限量措施（提供英文，16 页）	2008 - 05 - 27
G/SPS/N/USA/1734	FSIS 第 5 000.2 号指令——修订检验计划人员企业数据（提供英文，3 页）	2007 - 11 - 16
	FSIS 第 10 010.1 号指令修订 1——绞细生牛肉，未加工绞细部分及牛肉饼内大肠埃希菌 0157：H7 微生物试验计划及其他查证案（提供英文，28 页）	
	FSIS 第 17 - 07 号通知：经 FSIS 大肠埃希菌阳性抽样核查后，某些绞细生牛肉品抽样（提供英文，11 页）	
	FSIS 第 18 - 07 号通知：拟用于绞细生牛肉的碎肉常规抽样（提供英文，7 页）	
	FSIS 第 62 - 07 号通知：生牛肉大肠埃希菌 0157：H7 的核查抽样指示	
G/SPS/N/USA/1709	从有新城疫的地区进口食用蛋（提供英文，5 页）	2007 - 09 - 12
G/SPS/N/USA/1070/ADD. 1	食品标签：安全处理说明；带壳蛋标签；最终法规	2007 - 09 - 03
G/SPS/N/USA/1616	拟定法规：双甲脒（Amitraz）、莠去津（Atrazine）、乙烯磷（Ethephon）、福美铁（Ferbam）、林丹（Lindane）、毒草胺（Propachlor）及西玛津（Simazine）的拟订限量措施（提供英文，共 13 页）	2007 - 06 - 20
G/SPS/N/USA/1617	拟定法规：双甲脒（Amitraz）、莠去津（Atrazine）、乙烯磷（Ethephon）、福美铁（Ferbam）、林丹（Lindane）、毒草胺（Propachlor）及西玛津（Simazine）的拟定限量措施（提供英文，137 页）	2007 - 06 - 20
G/SPS/N/USA/1619	拟定法规：双甲脒（Amitraz）、莠去津（Atrazine）、乙烯磷（Ethephon）、福美铁（Ferbam）、林丹（Lindane）、毒草胺（Propachlor）及西玛津（Simazine）的拟定限量措施（提供英文，13 页）	2007 - 06 - 20

（续）

通报号	通报名称	通报时间
G/SPS/N/USA/1621	拟定法规：双甲脒（Amitraz）、莠去津（Atrazine）、乙烯磷（Ethephon）、福美铁（Ferbam）、林丹（Lindane）、毒草胺（Propachlor）及西玛津（Simazine）；拟定限量措施（提供英文，13页）	2007－06－20
G/SPS/N/USA/1605	拟定法规：甲胺磷（Methamidophos）、乙酰甲胺磷（Acephate）、丙溴磷（Profenofos）及敌百虫（Trichlorfon）；拟定限量措施（提供英文，9页）	2007－06－18
G/SPS/N/USA/1612	拟定法规：克菌丹（Captan）、2,4－滴丙酸（Dichlorprop）、多果定（Dodine）、敌稗（Propanil）、草多索（Endothall）、氟磺胺草醚（Fomesafen）、戊炔草胺（Propyzamide）、乙氧呋草黄（Ethofumesate）、氯菊酯（Permethrin）、噻节因（Dimethipin）及氯苯嘧啶醇（Fenarimol）；拟定限量措施（提供英文，17页）	2007－06－18
G/SPS/N/USA/1614	拟定法规：克菌丹（Captan）、2,4－滴丙酸（Dichlorprop）、多果定（Dodine）、敌稗（Propanil）、草多索（Endothall）、氟磺胺草醚（Fomesafen）、戊炔草胺（Propyzamide）、乙氧呋草黄（Ethofumesate）、氯菊酯（Permethrin）、噻节因（Dimethipin）及氯苯嘧啶醇（Fenarimol）；拟定限量措施（提供英文，17页）	2007－06－18
G/SPS/N/USA/1592	通知：通知收到要求对各种产品内/表的杀虫剂化学物残留制定限量的杀虫剂申请（提供英文，4页）	2007－06－13
G/SPS/N/USA/1572	拟定法规：地茂散（Chloroneb）、氯氰菊酯（Cypermethrin）、杀扑磷（Methidathion）、氯啶（Nitrapyrin）、乙氧氟草醚（Oxyfluorfen）、甲基嘧啶磷（Pirimiphos－methyl）、草硫膦（Sulfosate）、丁噻隆（Tebuthiuron）、噻菌灵（Thiabendazole）、噻苯隆（Thidiazuron）及脱叶磷（Tribuphos）；拟定限量措施（提供英文，共16页）	2007－06－05
G/SPS/N/USA/1575	拟定法规：地茂散（Chloroneb）、氯氰菊酯（Cypermethrin）、杀扑磷（Methidathion）、氯啶（Nitrapyrin）、乙氧氟草醚（Oxyfluorfen）、甲基嘧啶磷（Pirimiphos－methyl）、草硫膦（Sulfosate）、丁噻隆（Tebuthiuron）、噻菌灵（Thiabendazole）、噻苯隆（Thidiazuron）及脱叶磷（Tribuphos）；拟定残留措施（提供英文，共16页）	2007－06－05

（续）

通报号	通报名称	通报时间
G/SPS/N/USA/1570	拟定法规：地茂散（Chloroneb）、氯氰菊酯（Cypermethrin）、杀扑磷（Methidathion）、氯啶（Nitrapyrin）、乙氧氟草醚（Oxyfluorfen）、甲基嘧啶磷（Pirimiphos - methyl）、草硫膦（Sulfosate）、丁噻隆（Tebuthiuron）、噻菌灵（Thiabendazole）、噻苯隆（Thidiazuron）及脱叶磷（Tribuphos）；拟定限量措施（提供英文，共16页）	2007 - 06 - 01
G/SPS/N/USA/1555	拟定法规：依据联邦杀虫剂杀真菌剂及灭鼠剂法案免除来自植物病毒外壳蛋白基因（PVCP - PIPs）的某些植物联合杀虫剂；补充提案（提供英文，52/21页）	2007 - 05 - 23
G/SPS/N/USA/1556	拟定法规：地茂散（Chloroneb）、氯氰菊酯（Cypermethrin）、杀扑磷（Methidathion）、氯啶（Nitrapyrin）、乙氧氟草醚（Oxyfluorfen）、甲基嘧啶磷（Pirimiphos - methyl）、草硫膦（Sulfosate）、丁噻隆（Tebuthiuron）、噻菌灵（Thiabendazole）、噻苯隆（Thidiazuron）及脱叶磷（Tribuphos）；拟定许可残留通知（提供英文，16页）	2007 - 05 - 23
G/SPS/N/USA/1540	通知：通知收到有关各种产品内/表杀虫剂化学物残留的杀虫剂申请（提供英文，5页）	2007 - 05 - 07
G/SPS/N/USA/1537	通知：通知收到有关各种产品内/表杀虫剂化学物残留的杀虫剂申请（提供英文，5页）	2007 - 05 - 01
G/SPS/N/USA/1529	最终法规：多杀菌素（Spinosad）；杀虫剂限量（提供英文，7页）	2007 - 04 - 24
G/SPS/N/USA/1534	通知：通知收到有关各种产品内/表杀虫剂化学物残留的杀虫剂申请（提供英文，5页）	2007 - 04 - 24
G/SPS/N/USA/1522	食品生产、加工和处理中的辐照（提供英文，15页）	2007 - 04 - 16
G/SPS/N/USA/1499	食品标签：无麸质食品的标签（提供英文，23页）	2007 - 01 - 30
G/SPS/N/USA/1469	通知：通知收到杀虫剂申请，要求对各种产品内/表的杀虫剂化学物残留制定法规（提供英文，2页）	2006 - 11 - 23
G/SPS/N/USA/1449	通知：通知收到杀虫剂申请，要求制定或修改各种商品内/表噻嗪酮（Buprofezin）的残留法规（提供英文，2页）	2006 - 10 - 27

（续）

通报号	通报名称	通报时间
G/SPS/N/USA/1429	通知：通知收到杀虫剂申请，要求对各种产品内/表杀虫剂肟菌酯（trifloxystrobin）的残留制定法规（提供英文，2 页）	2006 - 09 - 22
G/SPS/N/USA/1398	最终法规：五水硫酸铜（Copper Sulfate Pentahydrate）；免除各种食品及饲料内/表的残留限量（提供英文，4 页）	2006 - 08 - 28
G/SPS/N/USA/1326	拟定法规：P - 氯苯氧乙酸（P - Chlorophenoxyacetic acid）、草甘膦（Glyphosate）、野燕枯（Difenzoquat）及环嗪酮（Hexazinone）；拟定限量措施（提供英文，8 页）	2006 - 06 - 14
G/SPS/N/USA/1217	通知：收到一份杀虫剂申请，要求对食品和饲料内/表杀虫剂氰氟虫腙（Metaflumizone）的残留制定限量（提供英文，3 页）	2006 - 01 - 27

资料来源：中国技术贸易措施网站（www.tbt - sps.gov.cn）及相关数据。

同样，在欧盟和韩国等的通报中，也分别包括了对杀虫剂等化学物质残留、标签和包装、质量分级和微生物限量等方面的通报（表 4 - 35～表 4 - 37）。这说明 WTO 成员方，特别是我国重要的贸易伙伴日本、美国、欧盟等对畜禽产品中农兽药残留和食品添加剂的管理和要求日益严格，这对我国相关行业提出了严峻的考验。无论是从养殖环节技术和加工环节技术，都有待于进一步提升，以满足国际贸易的发展要求。

表 4 - 35　欧盟蛋、鸡 TBT、SPS 通报

通报号	通报名称	通报时间
G/SPS/N/EU/30	"委员会第（EU）../.. 号执行法规——修改第2007/777/EC 号决定及有关将乌克兰纳入可向欧盟出口肉类品及某些肉、蛋和蛋制品的国家名单的第（EC）798/2008 号法规"草案	2012 - 07 - 27
G/SPS/N/EU/5/Add. 1	含肉、乳或蛋类品的复合产品。通报提案已批准为"委员会 2012 年 6 月 1 日（EU）468/2012 号法规——修改规定欧盟某些复合产品进口及过境认证要求的（EU）28/2012 号法规"	2012 - 06 - 29
G/SPS/N/EU/5	"修改规定欧盟进口或经欧盟过境某些复合产品认证要求第（EU）28/2012 号法规的委员会执行法规"草案	2012 - 02 - 28

（续）

通报号	通报名称	通报时间
G/SPS/N/EEC/391/Add. 1	含任何量的肉制品或超过 50％动物源性产品的复合产品	2012 - 01 - 26
G/SPS/N/EEC/399/Add. 1	新鲜家禽肉	2011 - 12 - 13
G/SPS/N/EEC/403	委员会法规草案——修改有关婴幼儿食品内多环芳香烃最大限量标准的第（EC）1881/2006 号法规	2011 - 05 - 20
G/SPS/N/EEC/396/Add. 1	孵化蛋和原鸡类 1 日龄雏鸡	2011 - 04 - 27
G/SPS/N/EEC/399	欧盟委员会法规草案——修改欧洲议会和理事会第（EC）2160/2003 号法规附件 II 及第（EC）2073/2005 号法规附件 I——关于家禽肉内沙门氏菌	2011 - 04 - 14
G/TBT/N/EEC/156	制定关于鸡蛋销售标准的理事会法规（EC）No 1028/2006 实施细则的欧盟委员会法规草案 内容概述：本欧盟委员会法规草案涉及食用带壳鸡蛋销售标准；规定了适合人直接消费的鸡蛋和不适合人直接消费的鸡蛋之间的明显区别，特别是供食品工业和非食品工业用蛋之间的区别；法规规定了鸡蛋标志及其包装。因此，划分出了鸡蛋的 2 个质量级别：A 类和 B 类	2007 - 06 - 01
G/TBT/N/EEC/105	委员会有关蛋类销售标准理事会法规的提案 内容概述：带壳生鲜蛋的销售标准；对适合直接供人食用的蛋类和不适合直接供人食用的蛋类明确加以区分；尤其是破损的或孵化过的蛋类，这些适合于在食品中和非食品工业中使用。因此，两种蛋类的质量分类，A 类和 B 类应当加以区分	2006 - 05 - 01
G/TBT/Notif. 00/428	对鸡蛋的某些营销标准的法规进行修正的理事会法规议案（欧洲经济共同体 EEC）No. 1907/90 内容概述：对鸡蛋的营销标准法规（EEC）No. 1907/90 的修正；依据母鸡的饲养类型（而定的）鸡蛋的强制标志及其包装；合并鸡蛋的级别 B（二等品或加工蛋）和 C（用于工业的等外品）在一个新 B 类（用于工业的鸡蛋）里	2000 - 09 - 15
G/SPS/N/EEC/396	"委员会修改有关突尼斯某些家禽和家禽蛋沙门氏菌控制计划的 2007/843/EC 号决定"草案（SANCO/13291/2010 号文）	2011 - 02 - 04

（续）

通报号	通报名称	通报时间
G/SPS/N/EEC/320/Add.1	除平胸禽外的活育种和繁殖家禽和日孵雏鸡；活育种或繁殖平胸禽和日孵雏禽；除平胸鸟外的家禽和放养野禽屠宰场；平胸禽屠宰场；家禽肉；供人食用的养殖平胸禽肉；野味肉；带壳鲜禽蛋，包括规定的无菌蛋；除平胸禽外的孵化蛋；平胸禽孵化蛋；蛋制品	2010-06-03
G/SPS/N/EEC/349	委员会法规草案，修改第（EC）798/2008号法规附件Ⅰ——制定了可向欧盟出口或经欧盟过境的家禽与家禽产品的国家、领土、地区或区隔的第三国名单以及兽医认证要求（SANCO/4694/2009）	2009-07-29
G/SPS/N/EEC/342	法规委员会法规草案"延长欧洲议会及理事会对拟用于丹麦的蛋沙门氏菌特别保证的第（EC）853/2004号法规"（文件号SANCO/3681/2008rev.1）	2009-06-23
G/SPS/N/EEC/330/ADD.1	鲜、冷冻或冷藏家禽肉及可食用内脏（HS编码：0207）；蛋（HS：编码0407，0408）；马哈鱼、鳟鱼及产品（HS编码：0302—0305及1604）ICS 65.120	2008-08-12
G/SPS/N/EEC/309/ADD.1	蛋及蛋制品（HS 0408）	2007-11-30
G/SPS/N/EEC/306/ADD.1	除平胸鸟外的种用或繁殖家禽；除平胸鸟外的一日龄雏鸡，及除平胸鸟外的家禽种蛋（HS 0105，0407）	2007-11-23
G/SPS/N/EEC/300/ADD.1	胡萝卜（HS 070610）、块根芹（HS 070940）、蛋（HS 0407及0408）、肾（不包括家禽）（HS 0206）、韭（HS 070390）、莴苣（HS 070519）、肝（不包括家禽）（HS 0206）、乳（HS 0401—0405）、瘦肉（不包括家禽）（HS 0201—0210）、油籽（HS 1201—12088）、番木瓜（HS 080720）、欧洲防风草（HS 070609）、悬钩子（HS 081120）、菠菜（HS 0709及0710）、茶（HS 0902）、比利时菊苣（HS 0705）	2007-06-05

（续）

通报号	通报名称	通报时间
G/SPS/N/EEC/306	委员会决定草案：根据（EC）No 2160/2003 法规批准某些第三国种用雉科 *Gallus gallus* 禽类的控制计划，并修订有关进口家禽及孵化蛋的某些公共卫生要求的 2006/696/EC 决定	2007 - 05 - 08
G/SPS/N/EEC/300	委员会指令 SANCO Doc 10602/2006 rev 3 委员会指令草案：修改理事会关于嘧菌酯（Azoxystrobin）、溴虫腈（Chlorfenapyr）、灭菌丹（Folpet）、异菌脲（Iprodione）、高效氯氟氰菊酯（Lambda - cyhalothrin）、抑芽丹（Maleic hydrazide）及肟菌酯（Trifloxystrobin）最大残留限量的第 86/363/EEC 及 90/642/EEC 号指令的附件，附件Ⅲ概述变动内容（16 页）	2006 - 12 - 21

资料来源：中国技术贸易措施网站（www. tbt - sps. gov. cn）及相关数据。

表 4 - 36　韩国蛋、鸡 WTOSPS 通报

通报号	通报名称	通报时间
G/SPS/N/KOR/394	畜产品标签标准修改拟定草案，韩文，2 页	2011 - 09 - 20
G/SPS/N/KOR/393	兽药残留评估指南法规拟定修改草案，韩文，50 页	2011 - 08 - 03
G/SPS/N/KOR/380	关于进口畜产品残留项检验不合格措施标准指南的法规修改草案，韩文	2010 - 11 - 02
G/SPS/N/KOR/378	拟定修改进口畜产品申报检验法规拟定草案，韩文，共 48 页	2010 - 09 - 24
G/SPS/N/KOR/375	畜产品标签标准拟定修改草案	2010 - 09 - 23
G/SPS/N/KOR/351	畜产品加工标准与成分规范拟定修改草案，韩文，1 页	2009 - 12 - 04
G/SPS/N/KOR/319	牲畜产品标签标准拟定修正案草案	2009 - 03 - 13
G/SPS/N/KOR/293	牲畜产品标签标准拟定修改草案（2 页）http：//members. wto. org/crnattachments/2008/sps/KOR/08 _ 3066 _ 00 _ x. pdf	2008 - 09 - 29
G/SPS/N/KOR/260	畜产品标签标准修正案草案（提供韩文，共 2 页）	2007 - 09 - 25
G/SPS/N/KOR/218	畜产品标签标准修正案的拟定草案（共 2 页）	2006 - 10 - 17

资料来源：中国技术贸易措施网站（www. tbt - sps. gov. cn）及相关数据。

表 4 - 37　其他国家蛋、鸡 TBT、SPS 通报

通报号	通报国家	通报名称	通报时间
G/SPS/N/BRA/352/Add. 2	巴西	转基因材料，孵化蛋和日孵雏鸡	2011 - 04 - 13
G/SPS/N/BRA/633	巴西	2010 年 4 月 29 日发布第 8 号标准指令，公布于 2010 年 5 月 3 日第 82 号联邦官方公报第 1 节	2010 - 05 - 21
G/SPS/N/BRA/544/Add. 1	巴西	2009 年牛、猪、马及家禽肉、乳、蜂蜜、蛋及水产品国家残留控制计划结果	2010 - 04 - 01
G/SPS/N/BRA/544	巴西	2009 年 5 月 25 日发布的第 14 号标准指令，公布于 2009 年 5 月 28 日第 100 号联邦公报第 1 节，第 28~31 页，葡萄牙文，共 4 页	2009 - 07 - 16
G/SPS/N/BRA/502	巴西	蛋类标签决议草案	2008 - 12 - 03
G/TBT/N/BRA/314	巴西	2008 年 10 月 31 日第 59 号决议草案——强制性蛋类标签保存及消费信息要求。本技术法规规定了强制性蛋类标签保存及消费信息要求。法规基于食品法典委员会蛋及蛋产品卫生操作规范	2008 - 11 - 28
G/SPS/N/BRA/413	巴西	2008 年 4 月 14 日第 10 号标准指令（仅提供葡萄牙文，共 13 页）	2008 - 05 - 19
G/SPS/N/BRA/352	巴西	有关以下商品进口要求的标准指令草案：鸡、珍珠鸡、火鸡、鹌鹑、蹼足禽繁殖材料孵化蛋与 1 日龄雏鸟	2007 - 11 - 05
G/SPS/N/BRA/313	巴西	第 9 号标准指令，2007 年 3 月 30 日发布，公布于 2007 年 4 月 4 日第 65 号联邦官方公报第 1 节，第 6~10 页（仅提供葡萄牙文，共 5 页）	2007 - 04 - 27
G/SPS/N/BRA/167/ADD. 1	巴西	2006 年有关牛、猪、马和家禽肉、奶、蜂蜜、蛋和水产品巴西国家残留物控制计划的结果	2007 - 04 - 18
G/SPS/N/BRA/193	巴西	2006 年 6 月 13 日发布的第 154 号文，公布于 2006 年 6 月 22 日第 118 号联邦官方公报第 1 节，第 15 页（提供葡萄牙文）	2006 - 08 - 02

（续）

通报号	通报国家	通报名称	通报时间
G/SPS/N/BRA/194	巴西	2006 年 6 月 5 日发布的第 138 号文，公布于 2006 年 6 月 8 日第 109 号联邦官方公报第 1 节，第 15～17 页（仅提供葡萄牙文，共 3 页）	2006－08－02
G/SPS/N/BRA/186	巴西	2006 年 6 月 2 日发布的第 136 号文件，公布于 2006 年 6 月 5 日第 106 号官方公报第 1 节，第 4～6 页（仅提供葡萄牙文，共 3 页）	2006－07－03
G/SPS/N/BRA/167	巴西	2006 年 2 月 20 日发布的第 50 号标准指令，公布于 2006 年 3 月 3 日第 43 号官方公报第 1 节第 15～25 页（仅提供葡萄牙文，共 11 页）	2006－04－03
G/TBT/N/ZAF/133	南非	关于在南非共和国销售的散养禽蛋、禽肉和舍养禽蛋的法规提案。本法规提案对散养和舍养禽蛋规定了限制条件和一般管理规范，并规定了散养禽蛋和舍养禽蛋、禽肉的饲养要求、环境要求、卫生要求、加工包装、批发及零售规范、标签及标志。法规提案对散养禽蛋、禽肉和舍养禽蛋规定了最低生产标准，并规定在产品上说明"散养"和"舍养"	2011－02－11
G/TBT/N/ZAF/131	南非	在南非共和国销售的蛋类等级、包装和标志法规提案。本法规提案规定了在南非共和国销售的蛋类限制条件、质量标准、包装和标志要求	2011－01－10
G/TBT/N/LCA/48	圣卢西亚	CCS52：2005 关于生鲜蛋分级和质量要求的加勒比共同体（CARICOM）地区性标准。内容概述：CCS52：2005 关于生鲜蛋分级和质量要求的加勒比共同体地区性标准规定了关于下列各项的规范：分级标准和分级；重量分类；标签要求；取样议定书和测试方法。本标准适用于预包装、分销和在加勒比共同体零售贸易中提供销售的生鲜蛋。本标准同样还规定了预包装、分销和在加勒比共同体提供销售的加工的蛋制品的标签要求	2009－01－22
G/TBT/N/ZAF/63	南非	关于在南非销售的禽蛋等级、包装、标志的法规。内容概述：提议法规对禽蛋规定了最低质量标准使企业平等竞争	2007－04－25

（续）

通报号	通报国家	通报名称	通报时间
G/TBT/N/ZAF/57	南非	关于控制在南非共和国销售自由放养的鸡产的蛋和禽肉及养鸡场养的鸡产的蛋的法规。内容概述：为消费者提供有关自由放养的鸡产的蛋和禽肉，以及养鸡场养的鸡产的蛋的最低产品标准，并管理这些产品上标示的"自由放养"和"养鸡场产"的标志	2006 - 07 - 28
G/TBT/N/CZE/113	捷克	关于奶和奶产品及蛋和蛋产品的兽医要求的法令草案。该法令草案确定了关于奶和奶制品及蛋和蛋制品及其加工的兽医要求、某些需要使用传统方法的奶制品的生产要求、关于消费者生产使用的小批量原料奶和原料奶制品销售的更详细规则以及农民在农场、室内或室外市场或地方零售店销售小批量鲜蛋的更详细规则	2006 - 07 - 21
G/TBT/N/BRB/7	巴巴多斯	关于生鲜蛋的巴巴多斯国家标准规范 BNS 171：2005。该标准制定了关于如下内容的规范：①分级标准与等级；②重量分类；③标签要求；④用于经过预包装、分销并供在巴巴多斯零售生鲜蛋的抽样要求和测试方法；⑤该标准还制定了关于预包装、分销并提供给巴巴多斯零售的加工蛋产品的标签要求	2006 - 03 - 02
G/TBT/N/ZAF/133	南非	关于在南非共和国销售的散养禽蛋、禽肉和舍养禽蛋的法规提案。本法规提案对散养和舍养禽蛋规定了限制条件和一般管理规范，并规定了散养禽蛋和舍养禽蛋、禽肉的饲养要求、环境要求、卫生要求、加工包装、批发及零售规范、标签及标志。法规提案对散养禽蛋、禽肉和舍养禽蛋规定了最低生产标准，并规定在产品上说明"散养"和"舍养"	2011 - 02 - 11
G/TBT/N/ZAF/131	南非	在南非共和国销售的蛋类等级、包装和标志法规提案。本法规提案规定了在南非共和国销售的蛋类限制条件、质量标准、包装和标志要求	2011 - 01 - 10
G/TBT/N/ZAF/133	南非	关于在南非共和国销售的散养禽蛋、禽肉和舍养禽蛋的法规提案。本法规提案对散养和舍养禽蛋规定了限制条件和一般管理规范，并规定了散养禽蛋和舍养禽蛋、禽肉的饲养要求、环境要求、卫生要求、加工包装、批发及零售规范、标签及标志。法规提案对散养禽蛋、禽肉和舍养禽蛋规定了最低生产标准，并规定在产品上说明"散养"和"舍养"	2011 - 02 - 11

（续）

通报号	通报国家	通报名称	通报时间
G/TBT/N/ZAF/131	南非	在南非共和国销售的蛋类等级、包装和标志法规提案。本法规提案规定了在南非共和国销售的蛋类限制条件、质量标准、包装和标志要求	2011 - 01 - 10
G/TBT/N/LCA/48	圣卢西亚	CCS52：2005 关于生鲜蛋分级和质量要求的加勒比共同体（CARICOM）地区性标准。CCS52：2005 关于生鲜蛋分级和质量要求的加勒比共同体地区性标准规定了关于下列各项的规范：分级标准和分级；重量分类；标签要求；取样议定书和测试方法。本标准适用于预包装、分销和在加勒比共同体零售贸易中提供销售的生鲜蛋。本标准同样还规定了预包装、分销和在加勒比共同体提供销售的加工的蛋制品的标签要求	2009 - 01 - 22
G/TBT/N/ZAF/63	南非	关于在南非销售的禽蛋等级、包装、标志的法规。提议法规对禽蛋规定了最低质量标准使企业平等竞争	2007 - 04 - 25

资料来源：中国技术贸易措施网站（www.tbt-sps.gov.cn）及相关数据。

2013 年以来菲律宾的 44 项均为防止各个贸易伙伴国家禽流感病毒的传入而进行的临时阻止贸易的通报。说明各国对疫情发生地的畜禽产品进口都控制得非常严格，一旦当地发生疫情，便全面停止从当地进口相关畜禽产品。这对我国畜禽行业提出了警示，我国必须要有效地控制国外疫情的传入和本国疫情的发生，这就要求将风险评估引入 HACCP 体系，建立起食品安全的快速预警系统。

因此，通过各国的 TBT/SPS 通报与中国蛋品在各个国家贸易市场上的受阻情况相结合，不难看出，要打开贸易伙伴国的贸易大门，相关部门必须对中国贸易伙伴国的 TBT/SPS 通报及其数据进行详细研究分析，只有这样才可以使中国及早了解这些国家在该产品技术要求方面的变化，使中国出口企业能及早做好相应准备，减少或避免不应有的损失。

第五章 产业与贸易发展问题分析及对策

第一节 产业与贸易发展问题分析

一、中国与各国蛋品标准差距依然存在

蛋品行业质量安全标准的缺失一直是制约我国蛋品产业化发展的重要因素。通过对比各国蛋品农兽药残留标准与中国标准发现，中国蛋品行业标准与发达国家的差距正在缩小，但依然存在限量要求与方法标准不配套、标准制定方面不能适应当今形势要求的情况。《绿色食品 蛋与蛋制品》（NY/T 754—2011）中规定蛋品中土霉素的限量值≤0.1毫克/千克，金霉素的限量值≤0.2毫克/千克；而《畜、禽肉中土霉素、四环素、金霉素残留量的测定（高效液相色谱法）》（GB/T 5009.116—2003）土霉素的检出限为0.15毫克/千克，金霉素检出限为0.65毫克/千克，造成兽药残留方法标准与兽药残留指标不能对应的现象，不能满足产品标准的限量要求。生产、加工、标签等标准仍有待完善，不能满足进出口企业的需求。从近年来我国蛋及蛋制品贸易受阻的情况来看，化学物质因素和标签包装因素引起的受阻情况较为突出。通过对各国蛋品相关TBT/SPS通报情况分析发现，各国都在完善细化蛋品贸易的残留、包装标识、微生物控制以及生产的标准，使得标准更具实用性和操作性，在这方面我国还存在着明显不足，标准体系的滞后严重制约了我国蛋及蛋制品的出口贸易，也对中国出口企业造成了不应有的损失。世界主要发达国家都有自己的质量安全标准，从饲料的加工、蛋鸡的饲养，到蛋品的生产、包装等，均是在严格的质量安全标准下进行的。为提高我国蛋品的市场竞争力，敲开国际市场的大门，建立与国际市场接轨的食品质量安全标准体系迫在眉睫。

二、蛋品出口目标市场集中度偏高

尽管目前中国蛋品出口至亚洲、非洲、欧洲、北美洲、大洋洲的许多国家和地区，但由于受地缘、品质要求、加工水平等因素的影响，中国蛋品出口地理半径主要集中在亚洲的国家和地区，市场份额约占出口总额的90%以上，

其中，中国香港、澳门及日本成为最主要的目标市场。2010 年，中国内地供应香港的蛋品占蛋品出口总额的 71.5％，供应澳门的蛋品占蛋品出口总额的 6.7％，出口到日本的蛋品占蛋品出口总额的 7.0％，合计占中国内地蛋品出口总额的 85.3％。出口目标市场相对过于集中，不仅使中国蛋品出口贸易容易受到贸易伙伴国经济发展带来的经济传递影响，随之发生波动，而且过于狭窄的出口目标市场也严重制约着中国蛋品出口贸易的发展，一旦世界经济发展受阻，将会对中国蛋品出口产生极大的消极影响。因此，近年来中国也在积极加大对加拿大、澳大利亚等重要境外市场的拓展力度，力求使未来中国蛋品出口市场呈现出多元化格局。

三、蛋品出口品种结构相对单一，加工制品率偏低

目前，中国蛋品出口种类主要包括鲜禽蛋、蛋制品和种用禽蛋等，其中，鲜禽蛋是中国蛋品出口贸易的主体产品，其次是蛋制品，只有极少量的种用禽蛋出口。尽管中国蛋制品有咸蛋、皮蛋、糟蛋、冰蛋、全蛋粉、蛋白质粉、蛋黄粉等品种，但中国蛋制品出口中最主要的两个出口品种还是咸蛋和皮蛋，咸蛋和皮蛋出口贸易额占蛋制品出口贸易总额的一半以上。当前中国蛋品的加工制品率仅在 6％左右。中国的蛋类深加工产品主要是再造蛋，包括咸蛋和皮蛋，真正意义上的蛋品深加工的比例还不足 2％，与英国、日本、美国等发达国家相比差距较大。世界发达国家蛋品深加工制品率（主要指蛋粉、冷冻蛋、低温消毒的液态蛋）2004 年平均达到 20％，其蛋类消费品构成主要有鲜蛋、液蛋、冻蛋、蛋粉及再制蛋 5 类。鲜蛋主要由普通消费者日常消费，液蛋、冻蛋和蛋粉主要用于食品加工业、食品服务业，部分还用作工业、制药业的原料和辅助品。

第二节　产业和贸易发展对策

一、中国蛋品质量安全配套标准不足，应加快标准制定与修订

建立食品/农产品质量安全标准体系，是我国蛋品行业发展的重要出路。随着《食品安全国家标准　食品中兽药最大残留限量》和《食品安全国家标准　食品中农药最大残留限量》以及一系列配套法规的实施，在农兽药残留方面，中国蛋品实际作为农兽药制定限量指标已经达到 106 种，还规定了 87 种兽药在蛋鸡产蛋期禁用，基本覆盖了我国常用农兽药品种，尽管与 CAC、美国、日本、欧盟的限量规定仍然存在一定的差距，但差距在逐渐缩小。对比发现，从各国/地区/组织对于蛋品中农兽药残留限量种类的规定来看，CAC 95 种、日本 255 种、美国 93 种、欧盟 114 种、韩国 58 种。目前，我国对许多农

兽药尤其是剧毒高残留的农药都制定了相应的限量指标，可见中国的农兽药标准体系建设已进入新的阶段。此外，在新的限量标准中，一些指标较其他各国/组织的标准更趋严格，如灭草松、甲基毒死蜱和氯氰菊酯，中国农兽药残留的限量标准与其他各国/组织的差距正逐步缩小。根据一些兽药残留检测方法标准提供的最低检测限，无法检测出相关产品标准中的兽药残留限量，故应对限量要求与方法不配套的标准尽快开展制修订工作，以解决兽药残留方法标准与兽药残留指标不能对应的问题。根据中国蛋鸡养殖生产实际及国情，适应国际市场需求，提出覆盖蛋品生产、加工、包装、贮运各个环节的标准体系，以改变目前很多标准不完善的现状和监管的被动性。

二、积极发展产业化经营、标准化生产，全面提高蛋品质量安全水平

通过积极发展产业化经营，将分散的农户组织起来，使产品生产—加工—市场有机联系起来。采取"公司＋基地＋养殖户"的办法，尽快在出口企业周围，培育和发展一批规模化的养殖场，建立龙头企业与养殖户之间稳定的购销关系和利益联结机制，实现生产、加工和销售一体化，既能充分发挥集团优势和区域优势，促进科技成果的转化，又能有效带动大量分散农户，大幅度降低饲养成本，提高经济效益。与此同时，要根据中国的实际情况，努力规范蛋品原料生产，完善产品标准化与规范操作，加强质量和检测体系建设，实现蛋品工业的机械化、自动化，强化蛋品生产与加工全程质量控制体系等建设，切实提升中国蛋品出口的整体质量和安全水平。

三、努力促进蛋品精深加工，不断优化出口产品结构

中国蛋品出口贸易中大部分是以鲜禽蛋的形式出口外销，精深加工蛋品出口份额所占比例相对较低，产品结构相对单一，蛋品附加值偏低。由于产品质量和加工水平不高，出口蛋品的品质与国际同类产品相比比较优势并不明显，基本上是依靠低廉的价格来争取国际市场份额，造成了蛋品业"产量高、效益低"的不利局面。因此，蛋品加工企业必须在研究市场的基础上，一方面要善于抓住市场和技术两个环节，做好新产品、新工艺、新市场的研究和开发，既要保留传统的、独具风味的加工种类，继承传统的加工工艺，生产出独具特色的蛋品，如皮蛋、咸蛋、醉蛋等，增强蛋黄粉、蛋清粉、速溶蛋粉、浓缩蛋罐头及蛋类药制品等的开发力度；另一方面要开拓新的蛋制品领域，力争开发出一批新产品。改进蛋品加工工艺，改进保鲜、包装及运销手段，努力扩大蛋品的运销距离和范围，推进出口目标市场多元化发展。

四、引导企业加大品牌的创建力度

产品品牌代表企业对产品质量的承诺和责任。目前，国内禽蛋品牌不多，从一个侧面也反映了我国禽蛋产品的质量安全水平及产业化程度不高。因此，要积极树立品牌意识，引导企业加大培育名优品牌的建设力度。大力培育生产、加工、销售的龙头企业，围绕禽蛋生产基地建立龙头企业，积极推进一体化经营，带动禽蛋规模养殖的发展，促进品牌的培育和建设。大力推进品牌化战略，充分发挥名优品牌效应，促进禽蛋产品外销，实现禽蛋产业化，通过品牌发展系列化优质产品，开拓国内外市场。

主 要 参 考 文 献

卞琳琳，刘爱军，2016. 中国蛋品出口现状及发展对策 [J]. 世界农业（4）：168 - 172，187.

迟玉杰，2014. 浅析中国蛋品加工行业现状及发展方向 [J]. 中国家禽（12）：2 - 5.

李敏哲，李干琼，2009. 我国禽蛋国际贸易发展对策探析 [J]. 中国家禽（11）：1 - 4.

励建荣，许曼力，2004. 我国蛋品工业的科技发展 [J]. 中国家禽（11）：7 - 10.

罗云波，2010. 禽蛋大国的蛋品安全问题探析 [J]. 农产品加工（11）：45 - 47.

马美湖，2002. 我国蛋品工业科技成就、差距及发展前景的探讨 [J]. 中国家禽（9）：33 - 39.

马美湖，2004. 我国蛋与蛋制品加工重大关键技术筛选研究报告（一） [J]. 中国家禽（23）：1 - 5.

宁欣，2004. 禽蛋的分级、检测与包装 [J]. 中国家禽（12）：56 - 60.

秦富，赵一夫，马骥，等，2009. 中国蛋鸡产业经济 2009 [M]. 北京：中国农业出版社.

曲春红，2010. 2009 年的禽蛋市场分析 [J]. 中国牧业通讯（4）：29 - 30.

王志丹，吴敬学，杨巍，等，2012. 中国蛋品出口贸易发展的现状与战略对策研究 [J]. 中国家禽（2）：30 - 34.

言思进，2005. 从蛋品加工看我国蛋业的可持续发展 [J]. 中国家禽（9）：28 - 31.

杨东群，李先德，秦富，2009. 世界蛋品生产和贸易形势分析 [J]. 世界农业（10）：9 - 13.

杨宗辉，蔡鸿毅，于群，等，2017. 中国蛋品出口贸易情况及发展建议 [J]. 农业展望（13）：76 - 80.

于海鹏，李干琼，王玉庭，等，2014. 2013 年国内外禽蛋市场及贸易形势 [J]. 中国食物与营养，20（4）：50 - 53.

于萍，2007. 中国蛋业产业发展趋势研究 [J]. 农业经济问题（9）：66 - 73.

张冰，2005. 我国禽蛋生产、贸易及国际竞争力研究 [D]. 呼和浩特：内蒙古农业大学.

钟钰，刘合光，秦富，2010. 我国蛋品企业出口问题调查 [J]. 农业技术与装备（12）：9 - 10.

AHN D U，KIM S M，SHU H，1997. Effect of egg size and strain and age of hens on the solids content of chicken eggs [J]. Poultry Science，76：914 - 919.

CHO H K，CHO W K，PACK J K，2000. Detection of surface in shell eggs by acoustic impulse method [J]. Transactions of ASAE（6）：1921 - 1926.

FINK D J，CAPLAN A I，HEUER A H，1992. Eggshell mineralization：a case study of a bioprocessing strategy [J]. MRS Bulletin（10）：27 - 31.

NYS Y，HINCKE M T，ARIAS T L，et al，1999. Avian eggshell miner - alization [J]. Poultry Avian Biology Reviews（10）：143 - 166.